길들여진
야수

하나님께 순복할 줄 아는 성품

길들여진 야수

오운철 지음

좋은땅

머리말

예수님의 산상수훈은 예수님의 행복론이라고도 말한다. 이 행복론은 매우 역설적인 말씀들로 가득하다. 그중에 가장 역설적으로 들리는 것이 바로 온유한 자의 복이다. 온유한 자가 땅을 차지할 것이라고 말씀한다. 이 땅에서 무언가를 차지하기 위해서는 매우 경쟁적이고 거칠어야 할 것처럼 생각된다. 세상에서는 온유한 자는 약한 자라고 여기나 예수님은 온유한 자가 강한 자라고 말씀하시니 역설적으로 들릴 수밖에 없다.

온유라는 성품을 공부하면서 예수님의 약속을 이해하게 된다. 우리 인간은 본성적으로 거칠다. 겉으로는 아무리 부드러운 사람도 그 내면에는 야수와 같은 성향을 갖고 있음을 알게 된다. 나는 본성이 강하지 않고 심령이 약한 편이다. 그러나 내 안에는 자신을 학대하고 공격하는 본성이 있음을 알게 된다. 그래서 젊은 시절 오랜 동안 우울증에 시달리기도 했다. 누구나 본성은 거칠다. 잘 제어되지 않는다. 자연스럽게 타고나는 성품이 아니다.

길들여진 야수

거칠은 본성이 하나님의 영에 의해 다스려질 때 비로소 온유의 성품을 갖게 된다. 하나님께 순복할 줄 아는 성품이 바로 온유한 성품이다. 단순히 부드러운 성품만으로 온유의 성품을 가질 수는 없다. 사람을 돌로 쳐 죽일 정도로 거칠었던 모세가 하나님의 손에 이끌리어 살아가는 사람이 되었다. 하나님에 의해 다루어지고 길들여졌다. 그런 후에 그에게 나타나는 가장 뚜렷한 성품이 바로 온유함이었다. 성경은 그의 온유함을 "지면의 모든 사람보다" 뛰어난 온유함이라고 표현하고 있다.

하나님은 자신의 사람들을 온유한 사람으로 만드셔서 사용하신다. 온유하게 만드신 후에 하나님의 기업을 주신다. 특별히 이 땅을 다스리도록 허락하신다. 섬기도록 허락하시는 것이다. 하나님께서 통치하시는 이 땅의 여러 영역들을 섬기시도록 맡기신다.

온유를 알게 되면 온유한 성품을 덧입고 싶은 열망을 갖게 된다. 이 책은 온유를 배우고자 하는 열망에서 시작되었다. 온유한 성품을 닮아 하나님께 쓰임 받고자 하는 열망을 가지고 글들을 써 보았다. 온유란 무엇인가, 온유한 사람들은 누구인가, 온유한 사람들이 누리는 복은 무엇인가, 그리고 온유하기 위해 우리가 해야 할 부분은 무엇인가를 정리해 보았다.

글을 쓴다고 온유한 사람이 되는 것은 아니라는 것을 잘 안다. 그러나 온유를 배우고 알면 온유를 위해 기도하게 되고 또 한 걸음 더 온유한 사람으로 변해 갈 것이라 생각이 된다. 이 책이 온유를 알고 또 온유한 성품으로 변화되어 가기를 열망하는 분들에게 조금이나마 도움이 되기를 소망한다.

길들여진 야수

차례

1부
성령에 의해 길들여진 본성

2부

온유한 자를 본받는 지혜

1부

성령에 의해
길들여진 본성

길들여진 야수

길들여지지 않은 야수가 우리 안에 있다. 야수는 자신을 스스로 제어하지 못한다. 쉽게 분노하고, 호전적이고, 쉼 없이 먹이를 찾아 헤맨다. 우리 안에 있는 분노, 시기, 질투, 탐욕 등은 길들이기 어려운 야수들이다. 이들이 우리 안에서 역사하여 자신과 남을 공격하고 상처를 입힌다. 우리의 삶을 불행과 실패 그리고 파멸로 이끌어간다. 이 제어할 수 없는 야수의 공격으로 우리는 괴로워하고 고통스러워한다.

우리 안의 야수는 창세 때부터 인간을 공격하여 우리의 행복을 앗아갔다. 아담과 하와의 아들 가인은 분노를 참지 못하고 아우를 죽였다. 그 이후 사람들은 분노를 가지고 태어나게 되었다. 사울은 부하 다윗을 시기하여 그를 죽이려고 끝까지 추격하였다. 그러나 그는 결국 비참한 최후를 맞게 되었다. 지금도 우리 안의 야수는 우리 삶 속에 미움, 싸움, 분쟁을 만들어 국가, 사회, 가정 그리고 개인을 파괴하려고 쉬지 않고 역사한다. 심지어는 교회 안에서도 분쟁과 파괴를 일삼는다. 야수의 치열한 공격 앞에 우리는 쉽게 좌절하고 그의 노예가 된다.

제어되지 않는 야수로 인한 좌절과 고통의 어두움 속에 희망의 빛이 비추어졌다. 예수 그리스도를 통해 성령이 우리에게 주어진 것이다. 예수를 믿는 자에게 성령께서 들어오셔서 우리를 변화시킨다. 새로운 성품을 창조하시는 것이다. 성령께서 창조하시는 성품 중의 하나가 온유이다. 온유는 성령의 열매이며 산상수훈 팔복 중의 하나이다. 온유란 성령에 의해 길들여진 본성이다. 온유하다는 말의 원어적 의미는 "야수의 길들여진 상태"[1]이다. 온유는 우리 안에 있는 야수를 길들이는 능력이라고 말할 수 있다. 이 능력은 오직 하나님으로부터만 온다. 온유는 성령께서 주신 은혜의 선물이다. "성령을 좇아 행하라. 그리하면 육체의 욕심을 이루지 아니하리라"(갈5:16)

야생마를 잘 길들이면 준마가 된다. 마찬가지로 분노를 다스리면 생명의 에너지가 된다. 육신의 욕망이 길들여지면 생명의 갈망이 된다. 파괴적인 욕망이 성령에 의해 길들여지면 창조적인 갈망이 된다. 온유는 길들여진 본성이요, 창조적 갈망이다. 온유란 생명을 주는 절제된 능력이다. 본래 우리의 혀는 "쉬지 않는 악이요 죽이는 독"(약3:8)이다. 그러나 혀가 잘 길들여지면 사람을 살리는 능력의 도구가 된다. 온유한 혀는 사람을 살리고 치유하는 생명나무가 된다.(잠15:4) 분노가 잘 길들여지면 사랑의 에너지가 된다. 분노의 야생마가 길들여지면 생명을 나르는 준마가 된다. 사도 바울은 분노의 사람이었다. 예수 믿는 자

---

1) Kerry Walters, Merciful Meekness, Paulist Press: New York, 2004, p37

들을 핍박하고 죽이는 데 앞장섰다. 그러나 그가 성령 안에서 길들여진 후 그는 사랑의 사도가 되었다. 하나님 앞에 놀랍게 쓰임 받는 위대한 사도가 되었다.

온유는 우리의 삶을 행복으로 이끈다. 온유한 자만이 이 땅에서 하나님 나라를 누리고 경험하게 된다. (마5:5) 길들여지지 않은 야수는 만족이 없어 쉼 없이 울부짖는다. 그러나 길들여진 야수는 만족을 누리고 쉼을 누릴 수 있다. 온유한 사람은 안식을 누리고 기쁨을 누리게 된다. 온유한 사람은 하나님 앞에 귀히 쓰임 받고 또한 끝까지 쓰임 받는다.

온유는 하나님의 선물인 동시에 우리가 성령 안에서 맺어야 할 열매이다. 성령 안에서 살아갈 때 온유의 열매를 맺을 수 있다. 성령 안에서 살아가는 것이 곧 영성생활이다. 영성생활은 파괴의 에너지를 창조의 에너지로 변화시킨다. 로널드 롤하이저는 "영성은 우리를 통해 흘러나오는 힘찬 에너지인 그 불을 합당하게 다루는 일이다."[2]라고 말했다. 온유는 결코 약함이 아니다. 하나님의 능력을 나타내는 통로이다. 온유를 배워야 진정으로 세상을 정복하는 사람이 된다.

---

2) 로널드 롤하이저, 성과 성의 영성, 성바오로: 서울, 2006, p46

복된 약함

　세상은 온유함을 미덕으로 여기지 않는다. 표면적으로 미덕으로 여길지라도 실제적으로는 미덕으로 여기지 않는다. 세상 사람들은 온유한 사람을 의지박약하고 능력 없는 사람, 비겁한 사람으로 이해한다. 세상은 강한 것과 경쟁에서 이기는 것을 미덕으로 여긴다. 그러므로 온유는 약육강식의 세상에 적합하지 않는 성품으로 취급한다. "신은 죽었다"고 말한 니체는 19세기 말 서양 사상을 대표한 철학자요 사상가이다. 그는 기독교를 거부하고 인간의 능력을 최대한 끌어 올려야 한다고 주장했다. 그는 특별히 기독교적인 온유를 나약함으로 규정하고 무시하고 경멸하였다. 온유를 노예근성으로 여겼다. 심지어는 교회 안에서도 온유를 세상에서와 같은 개념으로 여길 때가 많다.

　일반적으로 사람들은 인간을 약한 사람과 강한 사람으로 나누는 경향이 있다. 나약하고 짓눌려 있어 실패를 거듭하는 약한 사람과 자신감이 넘쳐 승리를 거듭하는 강한 사람이 있다는 것이다. 그러나 폴트

루니에는 "인간은 모두 약한 존재다."라고 말한다.[3] 그리고 "인간은 동일한 내면의 고통에 대해 서로 상반되는 반응을 보인다. 곧 강한 반응과 약한 반응이다."[4]라고 말했다. 세상에서 온유란 바로 약한 반응을 보이는 사람을 의미한다. 그러나 약한 반응도 강한 반응도 모두 우리 안에 길들여지지 않은 야수에 의한 것이다. 우리 안에 있는 야수가 자신을 해할 때는 약한 반응으로 남을 해할 때는 강한 반응으로 나타나는 것이다. 소극적이고 나약한 반응을 하는 성품을 온유라고 말하는 것은 성경적인 온유와 거리가 멀다.

온유는 두려움에 의한 약한 반응이 아니다. 워렌 위어스비는 "온유는 약함이 아니라 통제하에 있는 능력이다."[5]라고 말했다. 온유는 절제된 능력이다. 절제는 욕망을 억누르거나 폭발하는 것이 아니다. 온유란 욕망을 길들이고 승화하여 절제된 능력으로 바꾸는 능력이다. 온유한 사람은 마음이 따뜻하고 부드럽기 때문에 약한 반응과 비슷하게 보일 수는 있다. 그러나 온유는 약함에서 나오는 약한 반응이 아니고 강함에서 나오는 부드러움이다.

온유한 자는 어려움을 참을 줄 안다. 핍박과 고난을 견딜 줄 안다. 온유한 자는 어떠한 환경 속에서도 분노를 바꾸어 사랑을 바꾸는 능력이

---

3) 폴 트루니에, 강자와 약자, IVP: 서울, 2000, p22
4) 폴 트루니에, 강자와 약자, IVP: 서울, 2000, p23
5) Warren W. Wiersbe, Christian Quotation, Westminster John Knox Press, Louisville: Kentucky 2001, p246

길들여진 야수

있다. 예수님은 사람들에 의해 부당하게 핍박당하고 조롱당하고 채찍을 당하고 결국 십자가에서 죽임을 당하셨다. 예수님께서 일방적으로 당하기만 하셨다. 그러나 힘이 없으셔서 당한 것이 아니다. 하나님의 능력으로 얼마든지 그들을 멸하실 수 있었다. 다만 하나님의 뜻을 행하기 위해 그리고 부활의 영광을 위해 참으신 것이다. 하나님의 능력을 힘입어 참으신 것이다. 예수님의 약함은 가장 강력한 능력의 도움에 의한 것이었다. 예수님의 온유는 강함에서 나온 약함이었다.

온유란 능력의 통로가 되기 위한 약함이다. 온유란 자신의 무능함을 인정하고 하나님의 은혜와 능력을 힘입는 것이다. 그러므로 온유의 본질은 약함이 아니라 강함이다. 하나님의 강함이 약한 모습으로 나타난 것이다. 온유는 믿음의 표현이며 사랑의 표현이며 소망의 표현이다. 힘이 있으면서 힘을 남용하지 않고 선한 방향으로 조절하는 능력이다. 사도 바울은 "내가 약할 때 곧 강함이니라"(고후12:10)라고 말했다.

온유는 복된 약함이다. 온유는 순종을 통해 복을 얻는 성품이다. 예수님은 온유함을 통해 고난을 순종함으로 견디셨다. 그 결과 부활의 영광을 경험하셨다. 하나님과 사람에게 인정받는 삶이 되셨다. 온유는 실패와 좌절 속에서 나온 약한 반응이 아니다. 온유는 영광과 존귀와 생명을 얻게 하는 복된 성품이다. 온유를 사모하는 자는 하나님 나라를 사모한다.

따뜻한 마음

온유한 마음은 따뜻한 마음이다. 한자에서 온유(溫柔)는 따뜻함과 부드러움으로 이루어졌다. 따뜻함은 생명의 특징이다. 생명이 있는 곳에는 온기가 있다. 생명이 있는 마음은 따뜻하다. 따뜻한 마음은 사랑하는 마음이다. 상대방의 최선을 도모하는 마음이다. 생명이 없는 마음은 냉랭하다. 따뜻한 마음은 상대방을 배려한다. 배려는 친절이다. 배려는 존중이며 섬김이다. 배려하는 사람은 남의 감정까지 보살펴 준다. 연약한 사람의 감정을 짓밟지 않고 보듬어 준다. 예수님은 배려하는 마음이 많으시다. 죄인들과 소외된 사람들의 친구가 되어 주셨다. 예수님은 "상한 갈대를 꺾지 아니하며 꺼져가는 등불을 끄지" 않으시는 배려하는 마음을 갖고 계신다. (사42:3)

따뜻한 마음을 가진 사람은 따뜻한 말을 한다. 따뜻한 말이란 격려의 말이다. 사랑의 말이다. 세워 주는 말이다. 선한 말이다. 따뜻한 말은 영혼에 힘을 불어넣는다. 잠언 기자는 이렇게 말한다. "선한 말은 꿀송이 같아서 마음에 달고 뼈에 양약이 되느니라"(잠16:24) 선한 말 즉 따

길들여진 야수

뜻한 말은 영혼을 치유하고 생명을 얻게 한다.

명철이 따뜻한 마음과 만날 때 참지혜가 된다. 명철은 깨달음이며 머리의 일이다. 명철함이 따뜻한 마음과 만날 때 사람을 살리는 지혜가 된다. 그렇지 않으면 사람을 정죄하고 죽이는 무기가 될 수 있다. 하나님께서 지혜는 가슴에 주시고 총명은 머리 즉 생각에 주신다. "가슴 속의 지혜는 누가 준 것이냐 마음(mind)속의 총명은 누가 준 것이냐"(욥 38:36) 여기에서 '가슴'은 우리의 마음(heart)을 의미하고 '마음'(mind)은 지성의 장소인 머리를 의미한다. 차가운 명철이 따뜻한 가슴과 만날 때 사람을 살리는 지혜로 변화된다. 칼 융은 교사에게 있어 명철과 함께 인간의 감정을 움직이는 자질이 중요하다고 말한다. "교과과정은 매우 필요한 기초자료이다. 그러나 따뜻함은 자라나는 식물과 아이들의 영혼에 활력을 불어넣는 요소이다."(칼 융) 따뜻한 마음은 차가운 지성을 사람을 살리는 지혜로 바꾸어 준다.

마음의 온도는 접촉을 통해 변화될 수 있다. 따뜻한 공기는 차가운 공기를 데울 수 있다. 따뜻한 마음을 가진 사람과 만나면 우리의 마음의 온도가 올라가게 된다. 예수님을 가까이하면 예수님의 따뜻한 마음을 받는다. 예수님을 가까이하면 어둡고 차가운 마음속에 생명의 빛이 들어오고 마음에 따뜻함이 들어온다. 하나님의 말씀과의 접촉, 따뜻한 한마디와의 접촉, 따뜻한 글과의 접촉이 우리의 마음을 따뜻하게 하고 온기를 더해 준다. 예수님을 배반하고 실패로 인해 어둡고 냉랭하던 베드로의 마음은 온유하신 예수님과의 접촉으로 사랑과 소망으로 바

꿰었다. 정죄가 아닌 따뜻한 시선을 가지고 던지며 하셨던 "네가 나를 사랑하느냐" "내 양을 치라"라는 말씀은 생명의 빛이 되어 그의 심령을 따뜻하게 했다.

　말을 바꾸면 마음의 온도가 바뀐다. 들음으로 마음의 온도가 바뀌기도 하지만 적극적으로 선한 말을 함으로 마음을 따뜻하게 할 수 있다. 차가운 말을 버리고 따뜻한 말을 해야 한다. 손가락질하는 말, 조롱과 냉소와 비난의 말을 멈추고 격려, 칭찬, 감사, 배려의 말을 해야 한다. 이때 우리 마음에 빛이 들어온다. 어둡고 냉랭하던 마음이 변하여 밝고 따뜻한 마음이 된다. 자신과 남에게 하는 말 때문에 우리의 마음이 따뜻해진다.

　온유한 마음은 따뜻한 마음이다. 예수님의 마음이다. 따뜻한 마음은 사람을 죽이는 마음이 아닌 살리는 마음이다. 따뜻한 마음이 명철을 만나면 지혜가 되어 사람을 살리고 공동체를 살린다. 따뜻한 마음으로 싸우지 않고 승리하는 법을 배우자.

길들여진 야수

부드러운 마음

상처가 많으면 마음이 단단해진다. 단단한 마음을 가진 사람은 다른 사람의 말을 듣지 않는다. 지나치게 자신을 방어한다. 자신을 방어하기 위해 남을 공격하기도 한다. 자신이 강하다는 것을 보이기 위해 남에 대해 공격적이 된다. 위선적인 사람이 된다. 성경에 나오는 바리새인들이 그런 사람들이었다. 그들은 예수님을 십자가에 못 박는 데 앞장섰다. 우리 인간의 마음 안에는 위선적인 마음이 많이 있다. 이는 죄로 인한 것이며 상처를 인한 것이다. 상처가 회복되면 마음이 부드러워진다. 부드러운 마음은 다른 사람의 말에 귀를 기울일 줄 안다. 공감할 줄 안다. 다른 사람을 받고 관용할 줄 안다.

성령 안에서 회복되고 부드러워진 마음이 온유한 마음이다. 우리 스스로는 마음을 부드럽게 할 수 없다. 오직 성령님께서 역사하실 때 우리의 마음은 비로소 부드러워진다. 성령님은 부드러운 마음속에서 활동하시고 역사하신다. 앤드류 머레이는 "마음은 하나님이 활동하시는 무대이다."라고 말했다. 여기에서의 마음이 부드러운 마음이다. 온유한 마음이다. 말씀이 부드러워진 마음에 떨어지면 뿌리를 내리고 자라게 되어 마침내 때를 따라 많은 열매를 맺는다.

부드러운 마음은 유연한 마음이다. 잘 적응할 줄 아는 마음이다. 굽힐 줄 아는 마음이다. 활은 활의 본질을 잃어버리지 않은 채 휘어진다. 물은 물의 특성을 잃어버리지 않은 채 얼마든지 모양을 달리할 수 있다. 흐르는 강물은 산을 만나면 돌아갈 줄 안다. 유연한 사람은 하나님의 뜻을 따라 얼마든지 자신을 변화시킬 줄 안다. 사도 바울은 하나님의 뜻 앞에서 자신의 뜻을 바꿀 줄 알았다. 그는 아시아에서 복음을 전하고 싶었지만 하나님의 뜻을 따라 아시아를 포기하고 마게도니아로 건너가서 복음을 전했다. 유대인들이 복음을 받아들이지 않자 싸우지 않고 이방인에게로 가서 복음을 전했다. 그는 상황과 환경에 따라 변화할 줄 알았다. 그러나 복음전하는 자라는 사명은 한 번도 잊어버리지 않았다.

부드러운 사람은 말이 부드럽다. 부드러운 말은 분노를 쉽게 만든다. "유순한 대답은 분노를 쉽게 하여도 과격한 말은 노를 격동 하느니라"(잠15:1) 므낫세 지파의 기드온이 미디안과의 전쟁에서 큰 승리를 거둔 후 당시 이스라엘의 장자격인 에브라임 사람들이 와서 시비를 걸었다. 자신들과 함께 가지 않은 것을 트집 잡았다. 자신들을 대접하지 않았다고 노를 발하였다. 이때 기드온은 말도 안 되는 소리를 한다고 되받아치지 않았다. 그는 부드럽게 말했다. "나의 이제 행한 일이 너희의 한 것에 비교되겠느냐 에브라임의 끝물 포도가 아비에셀의 끝물 포도보다

　　　　　　　　　　　　　　길들여진 야수

낮지 아니하냐"(삿8:2) 이에 에브라임 사람들의 노가 풀렸다. 기드온은 에브라임 지파와 싸우지 않고 이긴 것이다. 부드러움이 강함을 이긴 것이다. 중국 현인은 "진정한 강함은 부드러움에 있다."고 말했다.

부드러운 마음속에는 웃음이 있다. 부드러운 마음은 너그러운 마음이다. 신약성경에서 너그러움(관용)을 부드러움이라는 단어로 표현했다. 너그러운 마음은 여유 있는 마음이다. 여유 있는 마음의 표지는 유머에 있다. 여유 있는 마음을 가진 사람은 웃음이 있다. 유머를 할 줄 안다. 유머란 치열한 삶의 전쟁터에서 최후의 지혜요 무기가 된다. 아인슈타인도 "나에게 가장 위대한 학교는 유머였다."라고 말했다.

부드러운 마음은 하나님의 선물이다. 열매를 맺기 위해 하나님은 우리의 단단한 마음을 먼저 깨뜨리신다. 고난을 통해 깨뜨리신다. 깨어지는 아픔 속에서 주를 바라보아야 한다. 그때 성령님은 말씀을 통해 우리를 위로하신다. 우리 마음을 부드럽게 변화시켜 가신다. 깨어짐을 환영해야 한다. 이는 부드러움으로 가는 지름길이다. 이 부드러움은 부드러운 카리스마를 만든다. 부드러움은 약함이 아니라 강함을 이기는 강함이다.

그러나 인간적인 부드러움과 성령에 의한 부드러움은 구별된다. 인간적으로 부드럽지만 성령의 뜻을 거스르는 사람은 진정한 의미에서 온유한 사람이 되지 못한다. 하나님 앞에 부드러운 사람이 온유한 사람이다. 하나님의 뜻 앞에 자신의 뜻을 굽힐 줄 아는 능력을 가진 사람이 온유한 사람이다.

절제된 에너지

분노는 에너지이다. 조절되지 않은 분노는 파괴적인 에너지가 된다. 잠언 기자는 분과 노의 파괴력을 잘 묘사한다. "분은 잔인하고 노는 창수 같거니와 투기 앞에야 누가 서리요"(잠27:4) 분과 노와 투기는 홍수에 비유된다. 홍수 앞에 수 없이 많은 것들이 무너져 버리고 만다. 그동안 피땀 흘려 세웠던 농사일과 사업들이 쉽게 파괴한다. 마을과 도시를 파괴한다. 분노도 마찬가지이다. 때로는 일평생 쌓아 놓은 업적과 이름이 분노로 인해 무너지기도 한다. 집안에서, 학교에서, 직장에서 분을 조절 못하여 실패하는 예가 많다. 조금만 참았더라면 하고 후회하는 때가 많다. 분노가 많은 가정불화와 퇴교와 실직의 원인이 된다. 성내는 것은 하나님을 슬프게 한다. "사람이 성내는 것이 하나님의 의를 이루지 못함이라"(약1:20)

분노가 우리의 행복을 앗아간다. 분노의 에너지가 다른 사람을 공격하고 파괴할 때도 있지만 자신을 공격하고 파괴할 때도 있다. 우울증은 마음 안에 쌓아 둔 분노가 자신을 파괴하는 현상이다. 미움과 분노가 처리되지 않은 채 우리 안에 쌓일 때 분노는 우리의 몸과 정신을 누르고 제한하는 역할을 한다. 조절능력을 앗아 간다. 육체적 정신적 장애를 불러온다. 자신을 있는 그대로 보지 못하게 한다. 현실을 파악하는 능력을 상실하게 한다. 잠재력을 억눌러서 발현되지 못하게 한다. 이러한 분노를 조절하고 통제할 수 있는 능력이 우리 안에는 없다.

분노는 극복이 가능하다. 오직 성령 안에 승리의 비결이 있다. 우리 힘으로 통제하려 할 때 실패한다. 성령님께 맡기면 우리 안에 있는 분노를 다스릴 수 있다. 분노를 조절하는 능력이 온유이다. 온유는 분노를 절제하여 생산적이고 창조적인 에너지로 변화시켜 준다. 사랑의 에너지로 변화시켜 준다. 성령을 의지하면 우리의 본성을 조절할 수 있다. 본성이 조절될 때의 성품이 온유이다. 온유는 창조적인 에너지 상태를 의미한다. 온유는 주님으로부터 오는 선물이다.

온유는 분노를 극복한 사람들로부터 배우는 것이 지혜이다. 샴쌍둥이 분리수술로 유명한 뇌신경외과 전문의 벤 카슨은 학생시절 조절되지 않는 분노로 무척 괴로워했다.[6] 병적인 성질에 의해 완전히 이성을 잃을 때가 자주 있었다. 한번은 자신을 놀리는 친구로 인해 순간적으로 병적인 분노에 사로잡혔다. 벤 카슨은 가지고 있던 칼로 친구를 힘껏 찔렀다. 칼은 친구가 차고 있던 벨트의 버클에 맞고 칼날이 부러졌다. 다행히 친구는 살았다. 이성을 찾은 후 벤 카슨은 좌절했다. "이 성

---

6) 벤 카슨, 하나님이 주신 손, 은성: 서울, 1999, p69-72

질을 통제하지 못하면 나는 아무것도 이룰 수 없을 것이다. 내 안에 끓어오르는 불같은 성질을 억제할 수 있다면 얼마나 좋을까?"라고 생각했다. 벤 카슨이 스스로 절망하고 있을 그때 마음 깊은 곳에서 "기도하거라."라는 음성이 들렸다. 어머니께서 가르쳐 준 기도에 대한 말씀이 생각났다. 벤은 눈물을 흘리며 기도했다. 못된 성질에서 영원히 해방시켜 주시도록 절규하며 기도했다. 기도하고는 성경책을 펴서 읽었다. 한 말씀이 눈에 들어왔다. "노하기를 더디하는 자는 용사보다 낫고 자기의 마음을 다스리는 자는 성을 빼앗는 것보다 나으니라"(잠16:24) 이 말씀을 읽는 동안 벤은 희망이 생기기 시작했다. 그의 마음은 새로워졌다. 그는 외쳤다. "앞으로는 내 성질이 나를 지배하지 못할 것이다. 나는 해방되었다."라고 중얼거렸다. 벤카슨은 그날 이후 동일한 문제로 인해 고통스러워하지 않았다. 그의 삶 속에서 분노는 사랑과 창조의 에너지로 변화되었다.

온유는 절제된 에너지이다. 분노할 수 있을 때 분노하지 않는 것이다. 그러나 억누름이 아니다. 절제란 분노의 파괴적 에너지를 선한 에너지로 변화시키는 능력이다. 우리는 할 수 없지만 성령님은 하신다. 성령 안에서 조절된 에너지는 우리에게 행복을 가져다준다. 생산적이고 창조적인 에너지를 주어 남을 복되게 한다. 절제된 능력 즉 온유를 통해 성숙한 하나님의 사람을 나타내자.

낮아짐과 긍휼의 만남

온유와 겸손은 서로 친한 친구이다. 성경에서 온유를 말할 때 겸손과 함께 언급할 때가 많다. 예수님은 자신의 마음은 온유하고 겸손하다고 말씀하셨다.(마11:29) 겸손은 낮아진 심령이다. 낮아지면 안전하다. 하나님을 신뢰하기 때문에 안전하다. "겸손은 우리를 가장 안전한 곳으로 이끈다."(파커 팔머) 겸손한 마음속에 평화가 깃든다. 천국의 평화가 임한다. "겸손은 마음의 완전한 평화를 의미한다."(앤드류 머레이) 낮아지면 자신의 부족함을 깨닫게 된다. 자신의 부족함 때문에 애통해하고 간절히 주를 찾고 의지하게 된다. 하나님은 간절히 주를 찾는 자를 만나 주신다. 좋은 것으로 채우신다. 가장 좋은 것은 성령님이시다. 성령의 위로와 충만을 경험하게 된다. 하나님 나라를 경험하게 된다. 낮아짐은 깨어짐을 통해 이루어진다. 낮아지면 깨어지고 깨어지면 부드러워진다. 깨어지는 아픔 속에서 단단해져 있는 우리의 심령이 부드러워진다. 새로운 심령의 싹이 트고 새로워진 심령을 경험하게 된다.

온유의 또 다른 친구가 있다. 그것은 긍휼이다. 불쌍히 여기는 마음이다. 사람의 연약함과 부족함을 이해하는 마음이다. 배려할 줄 아는 마음이다. 상대방을 배려하고 이해하는 마음은 따뜻한 마음이다. 부드러운 마음이다.

낮아진 마음속에 불쌍히 여기는 마음이 깃들 때 온유가 탄생한다. 자신의 부족함을 깨닫고 또한 인간의 연약함에 대해 충분히 이해하면 다른 사람의 공격 앞에서 여유 있게 대처할 수 있게 된다. 오는 공격을 되돌려 앙갚음하지 않는다. 보복하지 않는다. 힘이 있어도 힘을 쓰지 않는다. 하나님의 손길에 모든 것을 맡기게 된다. 모세는 대제사장 아론과 선지자 미리암으로부터 공격을 받았을 때 그들을 자신이 가지고 있는 힘과 권능으로 누르지 않았다. 자신에 대해 변명하지도 않았다. 단지 엎드려 하나님께 기도하였다. 성경은 모세를 향하여 "이 사람 모세는 온유함이 지면의 모든 사람보다 더하더라"라고 칭찬하셨다.(민 12:3) 하나님께서 미리암에게 문둥병을 주셨을 때 모세는 오히려 그녀를 불쌍히 여기고 하나님께 치유를 구했다. 지도자로서의 권위로 그들을 다스리고 심판할 수 있었지만 그는 그들을 정죄하지 않고 보복하지 않았다. 오히려 축복해 주었다.

링컨은 겸손과 긍휼로 위대한 지도력을 발휘한 사람이다. 남북전쟁 당시 링컨과 국방장관 스탠턴이 야전 사령부를 방문했다. 맥클레런 사령관을 만나기 위해서였다. 사령관이 집무실로 돌아오기까지 수 시간을 기다려야 했다. 집무실에 도착한 맥클레런은 대통령과 국방장관이 기다리고 있는 것을 알면서도 자기 숙소로 올라가 버렸다. 부관을 통해 너무 피곤하여 잠자리에 들었다고 알렸다. 스탠턴은 분노가 머리끝까지 치밀었다. 직위를 박탈해 버리자고 했다. 이때 링컨은 침묵하고 조용히 말했다. "아닙니다. 맥클레런 장군은 이 전쟁에서 절대적으로 필요한 사람입니다. 전쟁이 조금이라도 빨리 끝낼 수 있다면 나는 기꺼이 그의 말고삐를 잡아 주고 그의 군화라도 닦아 줄 것입니다."[7] 링컨은 사령관이 잠도 못 자고 전투에 시달렸기 때문에 휴식이 필요하다는 사실을 인정하고 그를 배려하여 야전 사령부를 떠났다. 그는 낮아짐과 긍휼을 통해 온유함을 드러낸 훌륭한 본이 되었다.

온유는 능력의 문제이다. 힘을 가지고 있지만 힘을 쓰지 않는 능력이다. 보복하지 않는 능력이다. 오히려 괴롭히는 자를 관용하고 축복하는 능력이다. 직장이나 학교에서 우리를 어렵게 하는 사람들이 항상 있기 마련이다. 그들을 받고 이해하고 보복하지 않는 것은 참으로 어려운 일이다. 그러나 나 자신을 낮추고 상대의 연약함을 이해하고 불쌍히 여기면 가능한 일이다. 이는 위로부터의 능력을 힘입을 때 가능한 일이다. 하나님의 시야를 가질 때 얻어질 때 가능한 일이다. 요셉은 하나님의 넓은 시야를 알고는 자신을 해하여 했던 형들에게 보복하지 않고 용서할 수 있었다. 온유한 자가 땅을 차지하며 풍부한 화평으로 즐길 수 있는 것이다.

---

7) 전광, 백악관을 기도실로 만든 대통령 링컨, 생명의 말씀사: 서울, 2003. p177

담대한 너그러움

　온유한 마음은 너그러운 마음이다. 너그러움은 양보할 줄 아는 능력이다. 배려하는 능력이다. 물러서야할 때 물러설 줄 아는 능력이다. 화평을 이루는 능력이다. 이삭은 너그러운 사람이었다. 이삭이 땅에서 농사를 지었는데 하나님께서 복을 주셔서 한 해에 백 배의 수확을 하게 되어 거부가 되었다. 그는 블레셋 사람들에게 시기를 받았다. 이삭이 파는 우물마다 쫓아와서 싸움을 걸었다. 이삭은 그 때마다 다투지 않고 양보했다. 이삭은 끝까지 양보하였다. 마침내 그는 하나님께서 주시는 좋은 우물을 얻었다. 거기서는 블레셋이 와서 싸움을 걸 수 없었다. 하나님의 함께하심을 보고 블레셋의 우두머리가 와서 화친을 청하게 되었다. 이삭은 싸우지 않고 승리를 거두었다.

　너그러운 마음은 넉넉함에서 온다. 이삭은 하나님의 복을 받아 넉넉하였다. 소유 때문에 넉넉한 것이 아니라 하나님의 임재의 복을 인해서 넉넉해진 것이다. 크신 하나님과 동행하는 사람은 넉넉한 마음을 가질 수 있다. 넉넉한 마음은 믿음에서 온다. 하나님의 약속의 성취를 믿는 사람은 너그러울 수 있다. 이삭은 하나님의 약속을 믿었다. 약속의 땅으로 인도하실 것에 대한 믿음이 있었다. 창대하고 번성할 것에 대한 믿음이 있었다. 약속에 대한 믿음이 있는 사람은 사람들과 싸우지 않을 수 있다. 이 땅의 물질 때문에 싸우지 않을 수 있다. 하나님의 방법이 육신적인 싸움을 통한 것이 아님을 알기 때문이다.

참다운 너그러움은 담대함에서 온다. 열등감에서 나온 포기는 너그러움이 아니다. 믿음과 확신 속에서 하는 포기는 약한 포기가 아니다. 강한 자만이 할 수 있는 용기 있는 선택이다. 하나님의 함께하심을 믿고 하나님의 도우심을 믿는 사람은 기꺼이 포기할 수 있다. 은혜 가운데 포기할 수 있다.

담대한 너그러움은 열심을 동반한다. 열심히 사는 사람이 너그러울 수 있다. 최선으로 땀 흘리며 사는 사람이 여유가 있다. 열심히 살기 때문에 시기를 받는다. 그때 너그러운 사람은 자신의 것을 포기할 수 있다. 대의를 위해 자신의 유익을 포기할 수 있다. 그 열심과 축복이 자신의 것이 아님을 알기 때문에 포기하고 맡길 수 있다. 더 좋은 것을 얻을 수 있다는 확신과 소망이 있기 때문에 집착을 버릴 수 있다. 이삭은 비록 시기하고 질투하는 사람들에게 우물을 양보했지만 결코 우물 파는 일을 포기하지 않았다. 하나님께서 주시는 우물을 계속 팠다. 파고 또 팠다. 하나님께서 주시는 온전한 우물이 주어질 때까지 우물을 팠다. 그는 치열한 현실을 무시하지 않았다. 더 큰 것을 위해 작은 것을 양보했을 따름이다. 그는 결국 가장 좋은 우물을 얻었다. 또한 이방 사람을 얻었다. 그리고 하나님의 임재의 복을 얻었다. 담대한 너그러움은 승리를 가져온다. 진정한 성공을 가져다준다.

담대한 너그러움은 자신을 초월하는 위인을 만든다. 마셜플랜으로 유럽 경제를 부흥시키고 세계 평화에 이바지한 조지 마셜은 담대한 너그러움이 있는 사람이었다. 2차 대전당시 루즈벨트와 처칠을 설득하여 유럽 상륙작전을 할 수 있는 기틀을 마련하였다. 사람들은 문제는 누가 연합군사령관이 될 것인가에 관심이 많았다. 그것이 훗날 미국 대통령직과 연결될 수 있다는 것을 많은 사람들이 짐작하고 있었다. 루즈벨트 대통력은 마셜이 가장 적합한 인물이라고 생각했고 본인도 간절히 원했다. 정작 결정할 당시 전략상 마셜과 같이 전체적인 안목을 가진 사람이 미대통령 곁에 있어야 했다. 결국 연합군 사령관 자리는 아이젠하워 장군에게 돌아갔다. 그러나 당시 마셜이 자신이 그 임무를 맡겠다고 강하게 주장했더라면 그가 할 수도 있는 상황이었다. 그가 양보한 것이다. 훗날 마셜은 "그 결정은 너무나 중요한 문제였기 때문에 어느 개인의 사정이나 감정이 개입되어서는 안 되는 일이었다."라고 말했다. 마셜의 너그러움은 이타심에서 나온 것이었다. 1945년 5월 8일 독일이 항복하던 날 헨리 스팀슨 전쟁성 장관은 마셜에게 "이기적인 사람은 위인이 될 수 없는 법입니다. 마셜, 당신이야말로 진정한 위인입니다."라고 말했다.[8]

---

8) 잭 올드릭, 조지마셜 리더십, 비즈니스맵: 서울, 2007, p105

너그러움의 온유는 강함에서 나온다. 열심히 사는 사람만이 너그러울 수 있다. 하나님의 약속을 믿는 사람만이 진정으로 너그러울 수 있다. 전체를 생각하는 사람만이 너그러울 수 있다. 최후 승리를 믿는 사람만이 너그러운 것이다. 하나님의 절대주권을 받아들일 때 너그러운 온유를 선물로 받는다.

배움으로 넓혀진 마음

온유한 사람은 잘 배우는 사람을 의미한다. 우리 안에 있는 야수는 배움을 통해 길들여질 수 있다. 배움은 우리에게 깨달음을 준다. 깨달음이 생길수록 생각의 지경이 넓어진다. 생각이 넓어지면 그만큼 깨달음이 커지게 된다. 깨달음의 지경이 넓어지면 마음도 넓어진다. 자신과 남을 이해하는 마음이 넓어진다. 하나님께서 솔로몬에게 지혜와 총명과 함께 넓은 마음을 함께 주셨다. 솔로몬의 넓은 마음은 지혜와 총명에서 온 것이다. 즉 깨달음에서 온 것이다. (왕상 8:29)

지혜로운 사람은 명철과 넓은 마음으로 사람들을 이롭게 하고 사람들을 살린다. 지혜로운 사람은 많은 사람을 옳은 길로 인도한다. (단 12:3) 사람을 옳은 길로 인도하는 자가 사람을 얻는다. (잠11:30) 사람을 얻는 자가 땅을 차지한다. 온유함 속에 담긴 배움의 능력이 지혜를 만든다. 온유한 자는 그 지혜로 땅을 차지하게 된다. 요셉은 명철과 넓은 마음으로 기근 중에 애굽과 이스라엘 민족을 살렸다. 모세는 온유함으로 수백만의 이스라엘 사람들을 출애굽하게 하고 광야에서 40년

길들여진 야수

간 인도하였다. 다윗은 온유함으로 통일 왕국의 왕이 되었다.

무지한 사람은 깨달음이 적다. 깨달음이 적은 사람은 자신만을 안다. 자신만을 아는 사람은 무모하고 잔인하다. 거칠다. 남을 배려할 줄 모르고 쉽게 남을 해한다. 결국 깨달음이 적은 자는 쉽게 멸망한다.(시 49:20) 자신만을 안다는 것은 자기 욕심만을 안다는 것이다. 실제는 자신의 참모습은 알지 못한다. 자신에 대한 깨달음이 없기 때문에 남에 대한 이해도 없는 것이다. 하나님을 알지 못하기 때문에 자신을 알지 못하는 것이다. 배움은 무지를 극복하게 한다. 무지를 다스리고 우리 안에 있는 야수를 길들이게 한다. 온유를 창조한다.

예수님의 온유하심은 배우는 온유함이시다. 예수님께서 탁월한 교사이신 것은 먼저 그가 탁월한 배우는 능력에서 온 것이다. 예수님은 하나님을 배우는 데 열심이셨다. 하나님의 말씀을 배우고 하나님의 음성을 듣는 일에 열심이셨다. 하나님의 뜻을 알고 그 뜻을 행하는 것이 그분의 목적이셨다. 하나님이시지만 끊임없이 하나님을 배우셨다. 예수님은 자신의 제자들에게도 동일하게 배움을 요구하셨다. 예수님을 배우면 쉼이 있다고 말씀하셨다. 예수님을 배우는 사람은 예수님의 지혜를 배운다. 명철과 넓은 마음 즉 온유와 겸손을 배운다. 예수님은 말씀을 배우라고 하셨다. 자연을 통해 배우게 하셨다. 사람을 통해 배우게 하셨다. 때로는 실패와 사건을 통해 배우게 하셨다. 십자가를 통해 부활을 통해 배우게 하셨다. 모든 기회를 제자들의 배움의 기회로 삼으셨다.

배움의 극치는 사랑이다. 배움의 결과가 사랑이다. 부분적으로 알고 부분적으로 깨닫기 때문에 사랑할 수 없는 것이다. 깨달음의 깊이와 넓이가 사랑을 제한한다. 전체를 알고 온전하게 알면 보다 넓은 사랑을 할 수 있다. 예수님의 사랑을 배울 수 있다. 배움을 통해 우리 자신이 확장될 때 우리는 비로소 사랑을 할 수 있게 된다. 우리 안에 다른 사람의 세계가 들어올 때 비로소 사랑이 가능해지고 확장되는 것이다. 라이너 마리아 릴케는 그의 수필 〈젊은이에게 보내는 편지〉에서 이렇게 말했다. "사랑이란 자기 내부의 그 어떤 세계를 다른 사람을 위해 만들어 가는 숭고한 계기이다." 또 그는 "사랑이란 자기 자신을 보다 넓은 세계로 이끄는 용기입니다." 온유한 자는 배우는 자이다. 배우는 자는 자신의 세계의 문을 개방하여 다른 세계를 받아들인다. 하나님을 배우고 다른 사람을 배우고 자신을 배운다. 하나님 나라의 세계를 받아들인다. 그리고 배움에 따라 깨달음이 깊어지고 마음이 넓어진다. 넓혀진 마음이 곧 사랑의 마음이다.

침묵하는 능력

　온유는 침묵하는 능력을 말한다. 온유한 사람은 멸시와 모욕 앞에서 잠잠할 줄 안다. 침묵은 그 자체가 능력이다. 입술을 닫고 묵묵히 기다린다는 것은 어려운 것이다. 엄청난 영적 에너지를 요구한다. 성숙한 사람만이 할 수 있다. 침묵은 그 만큼 값지고 고귀하다. 침묵이 어려운 만큼 그 보상도 크다. 침묵은 자신의 영혼을 살린다. 영혼의 불꽃을 살린다. 침묵을 통해 공동체 안의 싸움이 멈춘다. 침묵이 공동체를 살린다.

　예수님은 십자가에서 침묵함으로 온 인류를 살리셨다. 모욕과 멸시를 당하시면서 침묵하셨다. 이유 없는 가해를 당하시면서 입을 열지 않으셨다. 도수장으로 말없이 끌려가는 어린 양이 되어 잠잠하셨다. 털 깎는 자 앞의 어린 양과 같이 침묵하셨다. 억울함을 호소하지 않으셨다. 변명하지 않으셨다. 단지 모든 것을 하나님께 맡기고 침묵하셨다. 그 침묵은 약한 자의 침묵이 아니었다. 침묵 속에서 온 인류의 죄를 조용히 담당하신 것이다. 예수님은 침묵 속에서 부활을 기다리셨다. 침묵이 부활을 가져왔다. 수없이 많은 사람들에게 생명을 가져다주었다.

침묵은 하나님의 음성을 듣게 한다. 여러 세상 사람들의 음성과 하나님의 음성이 혼재한 세상에서 하나님의 음성을 분별하기 위해선 침묵이 필요하다. 하박국 선지자는 거칠고 흉악한 바벨론 사람들을 시켜 유다를 징계하시는 것이 이해가 되지 않았다. 그는 끊임없이 하나님께 '왜'를 물었다. 그러나 그가 조급한 마음으로 하나님 앞에 불만을 털어놓는 것을 포기하고 잠잠히 하나님을 기다리는 것을 선택할 때 비로소 하나님의 음성을 들을 수 있었다. 이때 그는 하나님께서 주시는 말씀을 들을 수 있었다. 장래에 이루어질 말씀을 들은 후 하박국은 자신 있게 외쳤다. "오직 여호와는 그 성전에 계시니 온 천하는 그 앞에서 잠잠할찌니라"(합2:20) 하박국은 잠잠하여야 하나님의 음성을 들을 수 있다고 경험을 통해 주장한다.

침묵할 때 자비심이 자란다. 고요함 속에 생명의 빛이 임하여 자비가 강화된다. 헨리 나우웬은 "침묵은 원래 영원히 성장하는 자비(사랑)에로 인도하는 마음의 성향이다."[9]라고 말했다. 침묵 속에서 자비의 성향이 우리 안에 자랄 때 온유함이 함께 자란다. 우리 안의 야수적 욕망이 억제된다. 침묵할 때 우리 안에 있는 미움, 다툼, 시기, 질투의 악한 감정들이 약화된다. 토마스 머튼은 홀로 있기와 침묵을 통해 온유한 사랑을 배웠다고 고백한다. "내가 나의 형제들을 진실로 사랑할 수 있는 온유함을 찾은 것은 홀로 있기를 통해서였다. 홀로 있기에 깊이 들

---

9) 헨리 나우웬, 마음의 길, 분도출판사: 서울, 1989, p66

어갈수록 나는 나의 형제들에 대하여 보다 더 많은 애정을 가지게 되었다. … 홀로 있기와 고요함은 나의 형제들을 사랑하되 그들의 말에 의거하여 사랑할 것이 아니라 그들의 존재 자체에 의거하여 사랑할 것을 나에게 가르쳐 주었다."[10]

　침묵은 우리 안에 하나님께서 역사하실 공간을 만드는 것이다. 성령께서 우리 안에 역사할 때 우리를 통치하게 된다. 우리의 내면을 다스리게 된다. 우리 안의 육신적인 요소를 다스리게 된다. 우리가 할 일은 잠잠히 하나님을 바라는 것이다. 그분께 모든 것을 맡기는 것이다. 하나님의 공의로우심과 자비하심에 모든 것을 맡기는 것이다. 그때 우리는 자연스럽게 우리의 혀에 재갈을 물릴 수 있게 된다. 우리의 입술은 더 이상 멍에와 손가락질과 허망한 말을 하는 것이 아니라 주린 자에게 심정을 동하며 괴로워하는 자의 마음을 만족케 하는 말을 할 줄 알게 된다. 침묵의 목표는 말을 하지 않는 것이 아니라 적합한 때 적합한 말을 하기 위한 것이다. 진실된 말이 침묵에서 나온다. 힘 있는 말이 침묵에서 나온다.[11] 침묵이 온유를 만들고 침묵에서 나온 말이 온유한 말이 된다. 생명을 살리는 따뜻한 말이 된다. 침묵으로 다스려진 마음에서 따뜻하고 부드러운 마음이 나온다. 침묵을 통해 온유를 배우는 은혜를 덧입자.

---

10)　Thomas Merton, The Sign of Jonas, Harcourt Bradce: New York, 1953, p261
11)　헨리 나우웬, 마음의 길, 분도출판사: 서울, 1989, p49

적응하는 능력

자연은 계절을 따라 변화한다. 봄, 여름, 가을, 겨울을 겪는다. 지혜로운 사람은 계절의 변화에 따라 모양을 바꾸며 산다. 계절에 따라 입는 옷을 달리하고 먹는 것이 다르다. 즐기는 활동들이 다르다. 사업도 계절에 따라 경영 방침이 달라져야 한다. 여름에 두꺼운 외투를 입으며 살거나 겨울에 얇은 티셔츠를 입고 외출하는 것은 어리석은 것이다. 자연에 계절이 있는 것처럼 인생에도 계절이 있다. 어린 시절, 학창 시절, 청년 시절, 장년 시절, 그리고 노년 시절이 있다. 그 계절의 특징을 이해하고 계절에 따라 사는 것이 지혜로운 삶이다. 사람마다 기질이 다르다. 나라마다 문화가 다르다. 다양한 시기, 다양한 사람, 다양한 문화는 우리에게 적응력을 요구한다.

하나님도 끊임없이 변화를 추구하신다. 우리 안에 계신 성령님도 우리 안에서 끊임없이 변화를 창조하신다. 먼저 우리 안에서 생각을 바꾸신다. 하나님은 우리의 생각을 바꾸실 뿐 아니라 하시는 일의 방법을 계속 바꾸어 가신다. 기독교 역사를 보면 하나님께서 각 시대마다

길들여진 야수

특별히 사용하시는 사역의 방법이 달라왔다. "하나님은 지나간 시대에 똑같은 방법을 두 번 사용하시지 않으셨다."(헨리 블래커비) 하나님의 변화의 역사 앞에서 우리의 할 일은 변화에 적응하는 것이다.

온유란 적응하는 능력이다. 하나님의 뜻을 따라 자신을 변화시키는 능력이다. 자신의 모양을 바꾸는 능력이다. 환경과 사람에 맞추어 자신의 모양을 바꾸는 것이다. 문화에 대한 적응력이 필요하다. 시대의 변화에 적응하는 능력이 필요하다. 가장 중요한 것은 하나님의 뜻에 따라 자신을 변화시키는 능력이다.

예수님은 문화에 적응하는 본이 되셨다. 예수님이 적응의 본이 되셨다. 하나님이시지만 육신의 모양을 갖고 이 땅에 오셨다. 이 땅 사람들의 삶의 모양에 따라 자신을 변화시켜야 했다. 전능하신 하나님이 성장하고 쇠퇴하는 육신의 한계 속에서 사셔야 했다. 인간의 여러 가지 연약함을 경험하셔야 했다. 사도 바울은 복음을 전하기 위해 여러 사람에게 여러 모양이 되었다. 유대인에게는 유대인에게 헬라인에게는 헬라인에게 맞추어 사람들에게 다가갔다. 그들에게 효과적으로 복음을 전하기 위해서였다. 그는 뛰어난 전도자가 되었다. 그는 이방인 선교의 선구자가 되었으며 기초석이 되었다. 선교사에게 필요한 것이 문화에 대한 적응력이다. 어느 면으로 모든 그리스도인들은 선교사명을 감당해야 하는 선교사들이다. 자신이 처한 곳의 문화에 잘 적응해야 한다. 복음을 위해서이다. 우리는 진리를 수호하는 것과 지혜롭게 적응하는 것을 동시에 감당해야 한다. "보라 내가 너희를 보냄이 양을 이

리 가운데로 보냄과 같도다. 그러므로 너희는 뱀 같이 지혜롭고 비둘기 같이 순결하라"(마10:16)

시대의 변화를 읽고 그 변화에 적응하는 것이 실력이다. 적응할 줄 알아야 하나님의 목적하신 목적지까지 다다를 수 있다. 다니엘은 말씀을 지키는 데는 목숨을 내걸 정도로 단호했다. 그러나 바벨론과 페르시아의 문화에 적응하고 상관에게 적응하는 데는 매우 탁월했다. 그는 여러 왕들에 맞게 자신을 변화시키며 섬길 줄 알았다. 그는 뛰어난 의사소통을 할 줄 알았다. 그는 시대에 적응할 줄 알았다. 바벨론 시대에 적응할 줄 알았고 페르시아 시대에 적응할 줄 알았다. 여러 시대와 왕들의 재상으로서 탁월하게 섬겼다. 오늘날은 포스트 모더니즘시대이다. 정보화 시대이다. 지식을 중시하는 시대이다. 이 시대의 변화에 적응하는 것이 지혜롭게 사는 능력이다.

가장 중요한 적응능력은 자기를 변화시키는 능력이다. 생각과 가치관을 변화시키는 능력이다. 태도를 변화시키는 능력이다. 하나님의 뜻에 나의 뜻을 맞추는 적응력이다. 마음을 새롭게 하는 것이다. 생각을 새롭게 하는 것이다. 온유한 자는 잘 배우는 사람이다. 생각을 바꿀 줄 안다. 스스로 변화를 이끌어 낼 수 있다. 항상 새롭게 된다. 자신을 변화시키는 것이 가장 어려운 과제이다. 스스로 변화되어야 한다고 생각하는 사람은 많지 않다. "모든 사람들은 인간이 변화되어야 한다는 것을 생각하고 있으나 자기 자신이 변화되어야 한다는 것은 생각하지 않는다."(톨스토이)

길들여진 야수

온유하면 땅을 기업으로 얻는다. 낮아지면 적응할 수 있다. 잘 적응하는 사람은 사람을 얻는다. 일을 얻는다. 변화의 열매를 얻는다. 하나님 나라를 얻고 하나님의 마음을 얻는다. 그러므로 하나님의 변화의 역사에 적응하는 것이 진정한 실력이다.

견디는 능력

"이것까지 참으라" 예수님께서 하신 말씀이다. (눅22:51) 가룻 유다가 예수님을 팔아넘기려고 무리를 데리고 왔을 때의 일이다. 베드로는 칼로 무리 중에 있는 대제사장의 종의 귀를 베었다. 너무 화가 나고 어처구니가 없어서였다. 죄가 없으신 분을 잡으려 하는 것에 대해 분노가 생겼던 것이다. 그가 분을 내고 행동을 하는 것이 어느 정도 합당한 것일 수 있었다. 그러나 예수님은 이것까지 참으라고 말씀하셨다. 베었던 귀를 다시 붙여 주시고 회복시켜 주셨다. 귀를 당장에 붙이시고 회복시키시는 분은 자신을 잡으러 온 사람들을 모두 멸하실 수 있는 분이셨다. 천사를 동원하실 수도 있었고 또한 자신이 갖고 계신 말씀의 능력으로 그들의 눈을 멀게 하거나 생명을 끊으실 수도 있었다. 그러나 참으셨다. 심지어는 십자가의 수치와 고통까지 참으셨다. 예수님의 온유함은 참음으로 나타났다. 참음은 곧 견딤이다.

온유함이란 견디는 능력을 말한다. 부당한 일까지 참고 견딜 줄 아는 능력이다. 애매히 고난을 받아도 슬픔을 참고 견디는 능력이다. 힘을 쓸 수 있어도 그 힘을 사용하지 않는 능력이다. 검이 있어도 그 검을 사용하지 않는 능력이다. 모세의 온유함은 힘을 사용하지 않고 잠잠히 견딤으로 들어났다. 미리암과 아론의 도전에 대해 그는 지도자로서 힘을 사용하여 그들을 누르고 징계할 수 있었다. 그러나 그는 권력을 사용하지 않았다.

비방과 멸시는 우리 삶에 있어 인내를 가르쳐 준다. 비방과 멸시를 당함은 인생의 고난이다. 이 고난은 견디기 어려운 환경이다. 그러나 고난은 인내의 어머니이다. 고난 속에서 비로소 인내를 배운다. 견딤을 배운다. 견딤의 과정은 우리로 하여금 연약함을 경험하게 한다. "기다림은 스스로를 연약하다고 여기게 만든다."[12] 약함이 우리를 낮추고 우리를 하나님 앞으로 가까이 나아가게 한다. 하나님을 가까이함으로 고난 앞에서 견디는 힘을 얻게 된다. 위로부터의 능력을 얻게 된다. 우리의 영혼이 간절히 하나님을 찾을 때 능력이 우리 영혼에 스며든다. 영혼의 뿌리가 깊이 형성된다. 생명의 양분이 그 뿌리를 통해 줄기와 가지로 전달되게 된다. 열매를 맺기 위한 양분을 계속 빨아들이는 것이다. 이 과정은 조용히 소리 없이 이루어지지만 엄청난 내면의 변화가 진행된다. 이 변화는 거친 본성이 성령에 의해 길들여지는 아름다운 과정이다. 향기를 만드는 과정이다.

견딤이 우리의 내면의 향기를 만든다. 억울함과 부당함 앞에 묵묵히

---

12) 제롬 댈리, 하나님이 침묵하실 때에, 살림, 2006, p21

참는 사람을 보면 멋이 있다. 그에게는 향기가 있다. 하나님께서 주시는 향기이다. 이 세상이 줄 수 없는 하늘나라의 향기이기에 아름답다. 그 향기는 하나님 의뢰하는 사람이 내는 향기이다. 기도하는 향기이며 순종을 통해 나는 향기이다. 십자가에서 나오는 향기이다. 숙성한 포도주에서 아는 향과 같이 성숙되는 과정에서 나오는 향기이다. 훈련받은 자의 품위에서 오는 아름다움이다. 하나님을 가까이하는 사람만이 낼 수 있는 신비로운 향기이다. 온유한 심령에서 나오는 향기이다.

온유함 속에 소망을 부어 주신다. 이 소망이 확실한 것은 성령으로 말미암은 것이기 때문이다. 하나님의 사랑이 담긴 소망이기 때문이다. (롬5:5) 온유한 자는 하나님이 주시는 꿈을 가지고 살아간다. 온유한 자가 땅을 차지하는 것이다. 하나님 나라를 소유한다. 영생과 하나님의 통치 속에 있는 하나님 나라의 유산들을 차지하는 것이다.

구김살 없는 웃음

온유한 마음에 기쁨이 담겨 있다. 생명의 빛이 우리 마음에 들어오면 어두움이 물러간다. 생명의 빛은 냉랭한 마음을 녹여 따뜻한 마음이 되게 한다. 단단한 마음을 바꾸어 부드러운 마음이 되게 한다. 따뜻하고 부드러운 마음은 우리 안에 밝음과 기쁨을 창조한다. 하나님의 기쁨이 우리 안에 반사된 기쁨이다. 시편 기자는 "주께서 내 마음에 두신 기쁨은 저희의 곡식과 새 포도주의 풍성할 때보다 더하다"(시4:7)고 표현하였다.

주께서 우리 마음에 두신 기쁨이 구김살 없는 기쁨이다. 구김살 없는 쉽게 사라지지 않는 기쁨이다. 상황을 초월한 기쁨이다. 좋은 비단은 쉽게 접히고 구겨진다. 그러나 펴면 주름살이 쉽게 없어진다. 잠시 구겨진 모양을 했을 뿐 내부는 구겨지지 않은 것이다. 하나님께서 주신 기쁨을 소유한 사람도 상황을 따라 눌리기도 하고 괴롭힘 당하기도 한다. 그러나 그 안에 있는 기쁨은 사라지지 않는다. 어디서든지 미소 지을 수 있고 기뻐할 수 있다. 그가 짓는 웃음은 구김살 없는 웃음이다. 온유한 사람은 구김살 없는 웃음이라는 보배를 가진 사람이다.

구김살 없는 웃음을 가진 사람은 자신을 위협하고 욕하는 사람을 향하여도 웃음을 잃지 않는다. 상대를 향한 사랑과 긍휼을 가졌기 때문이다. 스데반은 자신을 핍박하고 죽이려 하는 사람들 앞에서도 성령이 충만하여 하늘을 우러러볼 수 있었다. 그에게는 하늘의 기쁨이 있었다. 돌로 자신을 치는 사람들을 향하여 "죄를 저들에게 돌리지 마옵소서."라고 용서의 마음을 잃지 않았다. 자신을 돌로 치는 사람들을 향해서도 마음이 식어지지 않았다. 그 마음은 여전히 따뜻한 마음을 유지했다. 예수님께서 자신을 팔려는 유다의 발을 씻기시면서 그 얼굴을 찡그리시지 않았을 것이다. 그 얼굴에는 여전히 구김살 없는 미소를 띠었을 것이다.

구김살 없는 웃음을 지닌 사람은 슬플 때도 미소를 잃지 않을 수 있다. 실직하고 쫓겨났을 때도 웃음을 짓는 여유가 있다. 경쟁에 패배한 후에도 환한 웃음을 지을 수 있는 사람이다. 승리자를 향하여 축복하며 기뻐할 수 있는 사람이다. 누리던 자리에서 내려올 때도 기쁨으로 내려올 수 있다. 물러가면서도 아쉬움보다는 후대를 축복하고 기뻐할 줄 아는 사람이다. 어떤 강한 자 앞에서도 기죽지 않는 당당함과 여유를 가진 사람이다. 그의 기쁨의 근원이 결코 자신의 성취에 있지 않고 하나님을 신뢰함에 있기 때문이다. 따뜻한 마음이 있기 때문이다.

구김살 없는 웃음은 다른 사람이 잘될 때 진정으로 기뻐하는 웃음이다. 남이 잘 되는 것을 기뻐하는 사람이 진정으로 구김살 없는 사람이다. 이런 사람은 먼저 주님 안에서 자신을 기뻐할 줄 안다. 자신의 부

길들여진 야수

족이나 단점 때문에 실망하거나 좌절하지 않는다. 자신을 있는 그대로 받을 줄 안다. 하나님의 기뻐하시는 눈으로 자신을 볼 줄 안다. 또한 구김살 없는 사람은 다른 사람을 진정으로 기뻐할 줄 안다. 경쟁자라도 그 안에 있는 장점과 탁월함을 보고 기뻐하고 칭찬해 줄 줄 안다. 하나님께서 상대방 안에 심겨 놓은 아름다움을 보고 기뻐하는 것이다.

구김살 없는 기쁨은 하나님께서 주신 기쁨이다. 선물로 주신 것이다. 위로부터 온 선물이다. 하나님으로부터 생명의 빛을 받을 때만 얻어질 수 있는 은혜의 선물이다. 믿음으로 얻어지는 선물이다. 하나님은 우리를 잠잠히 사랑하시며 기쁨을 이기지 못하여 하신다. 하나님의 기쁨이 담긴 마음이 온유한 마음이다. 따뜻하고 밝은 마음이다. 생명이 약동하는 마음이다. 행복이 깃든 마음이다. 그래서 예수님은 온유한 자가 복이 있다고 말씀하셨다. 사단은 기쁨을 참으로 싫어한다. C.S. 루이스는 악마가 기쁨과 웃음에 대해 어떻게 생각하는지 이렇게 묘사하고 있다. "이런 류의 웃음(기쁨의 웃음)은 우리한테 전혀 득 될 게 없으니 예외 없이 저지해야 한다. 게다가 이런 웃음은 그 자체로서도 구역질나는 현상일 뿐 아니라 지옥의 현실주의와 위엄과 엄격함을 정면으로 모욕하는 짓거리다."[13] 우리가 기뻐하면 그만큼 사단은 세력을 잃게 된다. 어두움을 물러가게 하기 때문이다. 온유한 마음은 기쁨이 가득한 마음이다. 하늘에 속한 사람들의 특징이다.

---

13) C.S.루이스, 스크루테이프의 편지, 홍성사, 2000, p68

치유의 능력

온유한 사람은 치유의 능력을 경험한 사람이다. 여기서 말하는 치유는 내면의 치유를 의미한다. 사람은 누구나 세상 속에서 많은 상처 때문에 괴로워한다. 상처는 주로 부모와의 관계 혹은 부부관계 등과 같은 긴밀한 인간관계 속에서 형성된다. 이 상처는 우리 안에 쓴뿌리를 만든다. 쓴뿌리라는 말의 헬라어 원어는(pikria) "자르다", "찌르다", "쏩쏠하다"라는 의미를 갖는다. 쓴뿌리는 우리 안에서 독한(쏩쏠한) 생각과 말을 만든다. 그것으로 자신과 남을 찌르거나 자른다. 자신과 남을 괴롭게 하고 고통스럽게 한다. 이 고통으로부터 자유로워지는 지면서 형성되는 성품이 바로 온유이다. 온유가 찾아오면 그 마음은 독함에서 부드러움과 따뜻함으로 바뀌게 된다.

마음의 상처와 쓴뿌리는 주로 용서하지 못하는 마음에서 생긴다. 이는 우리의 육체적인 질병을 유발하거나 관계를 파괴하여 우리의 삶에 심각한 장애를 형성한다. 또한 하나님과의 소원한 관계를 유발한다. 불면, 소화 장애, 두통, 우울함, 파괴적 성향, 불안정한 성격 혹은 성격

길들여진 야수

장애 등의 원인을 들여다보면 많은 부분 용서하지 못하는 마음이 그 원인이 된다.

용서하지 않는 마음은 성령 안에서 살아가는 것을 방해한다. 용서하지 못하는 마음은 성령의 소욕보다는 육체의 소욕을 따라 살게 한다. 불안정하고 요동하는 삶을 유발한다. 하나님께서 주시는 풍성한 삶을 누리지 못하게 한다. 용서하지 못하는 사람은 결국 손해 보는 삶을 살게 된다. 찰스 스탠리는 "용서하지 않는 마음을 가진 사람이 항상 실질적으로 손해를 본다."[14]고 말한다.

하나님의 은혜는 우리의 상처를 치유한다. 하나님의 용서가 우리 안의 상처를 치유한다. 십자가의 보혈이 상처를 치유한다. 하나님의 용서의 은혜 속에 놀라운 회복의 능력이 있다. 십자가의 죄사함의 은혜 속에 회복의 비밀이 있다. 생명의 말씀 속에 회복의 능력이 있다. 성령 안에 회복의 능력이 있다. 하나님의 용서를 받으면 우리 안에서 용서하지 못하는 마음이 사라진다. 하나님의 용서의 은혜는 우리의 모든 상처를 넉넉히 치유할 수 있다. 하나님의 용서는 하나님의 따뜻한 마음에서 나온다. 그 따뜻함이 우리 안에 들어오면 우리 안의 상처를 싸매고 치유하고 회복시킨다.

하나님의 은혜의 치유작업은 오랜 시간이 걸린다. 구원의 은혜가 우리 안에 있는 모든 상처를 치유하지는 못한다. 지속적인 생명의 은혜

---

14) 찰스 스탠리, 용서, 두란노, 1999, p20

가 주어질 때 우리의 상처는 점차 치유되고 회복된다. 상처가 왜곡시킨 우리의 시야가 점차 바뀌기 시작한다. 우리의 편협한 시야가 점점 하나님의 시야로 바뀌게 된다. 이것은 평생 걸친 은혜의 작업이다. 매일매일 하나님 앞에 나아가 은혜를 받으므로 가능한 일이다. 주님 앞에서 생명의 빛을 받으면 점점 우리 안에 있는 "영적 쓰레기"[15]들이 제거된다. 마음속에 냄새나는 상처는 아물고 마음에는 향기가 가득하게 된다. 쥐와 벌레가 날아들던 마음속에 꽃과 나비가 날아드는 아름다운 정원이 된다. 물댄 동산과 같은 아름다운 정원이 된다. 이것이 온유한 마음이다. 따뜻한 마음이다.

온유한 사람은 치유를 경험한 치유자이다. 온유한 사람은 치유의 능력이 있다. 회복시키는 능력이 있다. 무너진 곳을 다시 세우는 능력이 있다. 온유한 사람 속에 있는 따뜻한 마음은 사람의 냉랭한 마음을 녹이고 상처를 치유하는 능력을 갖는다. 그런 의미에서 온유한 사람은 약한 사람이 아니다. 능력을 가진 사람입니다. 영혼을 살리는 능력을 갖는다. 온유한 마음에서 나오는 따뜻한 말은 생명나무와 같이 영혼을 살린다. (잠15:4) 치유받은 자는 치유하는 자가 된다. 하나님의 사랑으로 치유되었기에 하나님의 사랑을 전달하여 치유하는 자가 된다. 온유한 자는 치유자가 된다.

---

15) Charles H. Kraft, Defeating Dark Angels, Regal Books, Ventura: CA, 1992, p55

온유와 공의가 만든 지혜

　법은 누구의 손에 달려 있느냐에 따라 살리는 도구가 되기도 하고 파괴하는 무기가 되기도 한다. 법이 히틀러와 같은 독재자의 손에 들어가면 선한 사람을 학살하는 도구가 된다. 법이 링컨의 손에 들어가면 노예를 해방하는 도구가 된다. 하나님의 법이 예수님의 손에 들어가면 복음이 되어 사람들에게 생명의 길을 안내한다. 반면에 바리새인의 손에 들어가면 사람들을 정죄하고 판단하고 사망의 길로 안내한다.

　법은 공의를 말한다. 공의는 옳고 그름을 다룬다. 공의는 심판에 능하다. 공의는 차갑고 날카롭다. 사람을 찌른다. 문제를 파헤친다. 사람을 무섭게 만든다. 두려워 떨게 한다. 쉼을 주지 않는다. 공의는 행한 대로 갚아 준다. 눈에는 눈 이에는 이로 대응한다. 공의는 사람을 좌절과 사망의 길로 인도한다. 사람의 능력으로 공의를 이룰 수 없기 때문이다.

　온유가 공유의 능력을 발휘하게 한다. 온유가 공의를 빛나게 한다. 온유는 잘 배우는 능력이 있다. 온유는 공의에게서 잘 듣는다. 공의를 잘 배운다. "온유한 자를 공의로 지도하심이여 온유한 자에게 그 도를 가르치시리로다"(시25:9) 온유한 자는 의를 분별할 줄 안다. 무엇인지 바른 것인지 알게 된다. 온유한 자는 공의를 문자대로 배우는 것이 아니라 문자에 담긴 정신을 간파하며 배운다. 공의를 만드신 하나님의 마음을 안다. 온유한 자가 공의를 배우면 하나님의 마음을 가지고 하나님의 뜻을 이룬다.

공의의 지식이 따뜻한 마음속에 담기면 참 지혜가 된다. 온유는 마음을 제공하고 공의는 지식을 제공한다. 사람을 살리는 지혜가 된다. 성공을 가져오는 지혜가 된다. 온유한 마음속에 공의가 들어가면 차가운 법이 따뜻한 법으로 변화된다. 살리는 법이 된다. 따뜻한 마음은 법을 새롭게 해석한다. 하나님의 관점으로 해석한다. 하나님의 사랑의 관점으로 해석하게 된다. 공의는 더 이상 죽이는 도가 아니라 살리는 도가 된다. 온유한 자는 법을 만든 이의 마음을 헤아린다. 법을 주신 하나님의 마음을 간파할 줄 알게 된다. 요셉의 따뜻한 마음과 지식은 지혜가 되어 고난의 시기에 전 세계를 기근에서 구원할 수 있었다.

공의는 깨끗함과 깊이를 더해 준다. 온유는 넓이와 길이를 더해 준다. 공의는 훈련을 제공한다. 온유는 용서와 은혜를 제공한다. 공의는 심각함과 진지함을 준다. 온유는 기쁨과 밝음을 준다. 공의는 제자도를 가르쳐 준다. 온유는 지도력을 가르쳐 준다. 공의는 기본을 다지게 한다. 온유는 적응력과 응용력을 더해 준다. 공의는 지식을 제공한다. 온유는 지혜를 제공한다. 공의는 율법을 가르쳐 준다. 온유는 복음을 가르쳐 준다. 율법을 잘 배운 자가 복음을 잘 깨닫는다. 공의는 진실을 제공하며 기초를 이룬다. 온유는 사랑을 가르쳐 준다. 이 둘이 함께 있어야 하나님 나라를 이룬다. "의와 공의가 주의 보좌의 기초라 인자함과 진실함이 주 앞에 있나이다"(시89:14)

온유와 공의가 연합하면 영향력을 발휘하게 된다. 균형 있는 지도력을 형성한다. 시편 기자는 왕의 자질로서 온유와 공의를 말했다. "왕은 진리와 온유와 공의를 위하여 위엄있게 타고 승전하소서 왕의 오른손이 왕에게 두려운 일을 가르치리이다"(시45:4) 예수님은 온유와 공의를 함께 소유한 지도자이셨다. 제자들을 하나님의 기준과 공의로 철저히 훈련시키셨다. 그러나 연약함 때문에 넘어질 수밖에 없는 것을 이해하시고 위로해 주셨다. 생기를 불어넣어 주셨다. 연약한 제자들을 통해 전 세계가 변화될 것을 바라보셨다. 그리스도인들을 핍박하던 율법과 공의에 능한 바울이 예수님을 만나 온유해졌다. 그는 많은 사람을 품을 수 있는 넓은 마음의 사람이 되었다. 아시아와 유럽 땅에 수없이 많은 교회를 세우고 사람을 키우는 사람이 되었다. 링컨은 하나님의 기준에 대해서는 물러서지 않았다. 노예해방이라는 공의에 철저했다. 그러나 그는 사람에 대해 온유했다. 자신의 정적을 국방장관에 기용할 줄 알았고 자신을 멸시하는 사람들에 대해 유머로 넘길 줄 알았다. 링컨의 균형 있는 지도력은 그의 영향력을 크게 하고 길게 했다. 공의와 온유가 만나면 참지혜가 형성된다.

고요한 심령

온유는 속사람의 성품을 말한다. 외모나 겉사람을 의미하지 않는다. 말씨의 부드러움이나 행동의 부드러움을 의미하지 않는다. 말이 부드럽고 성격이 조용하다 해도 인간관계가 어렵고 고집스러운 사람이 있다. 이런 사람은 속사람이 온유하지 않은 것이다. 때로 말이나 행동이 거칠어도 잘 배우고 순종을 잘하는 사람이 있다. 그런 사람은 속사람이 온유한 것이다.

속사람이 온유한 사람은 심령이 고요하다. 고요한 심령은 안정된 심령이다. 잔잔한 호수와 같이 조용하고 안정된 심령을 말한다. 쉽게 흔들리지 않는 심령이다. 인간의 문제는 심령 즉 속마음이 불안정한 데 있다. 교만한 사람은 마음이 불안정하다. 산만하다. 쉽게 요동한다. 열등감에 사로잡힌 사람도 역시 그 속마음이 쉽게 요동한다. 기복이 심하다. 고요하고 안정된 심령은 하나님의 선물이다. 예수님의 마음이며, 성령님으로부터 배운 마음이다.

고요한 심령은 잠잠히 하나님을 바란다. (시62:5-6) 소망을 하나님께

둔다. 그렇기 때문에 그 심령이 반석과 같이 안정된 것이다. 하나님을 신뢰하기 때문이다. 고요한 심령은 세미한 음성을 들을 줄 안다. 바깥 세상의 요란함에도 불구하고 심령이 고요한 사람은 하나님께서 들려주시는 세미한 음성을 감지할 줄 안다. 어떤 상황에서도 하나님과 대화할 수 있는 마음의 공간과 여유를 갖는다. 느헤미야는 아닥사스다 왕과 왕비 앞에서 간청할 때도 마음 한편으로는 "하늘의 하나님께 묵도"(느2:4)할 줄 알았다. 그는 왕 앞에서도 하나님께서 주시는 고요하고 안정된 심령을 유지하고 들뜨거나 위축되지 않았다.

고요한 심령은 마음에 조용한 불을 갖고 있다. 그 마음이 따뜻하다. 하나님을 향하여 열정과 사람들을 향한 따뜻한 마음이 있다. 진리의 말씀과 성령께서 그 안에 거하기 때문이다. 고요한 심령은 사람을 살린다. 그 말은 위로가 가득하고 이해심과 배려가 있다. 생명이 있다. 그 말은 부드럽지만 힘이 있다. 영향력이 있다. 고요한 심령은 즐거이 순종하는 능력을 갖는다. 고요한 심령을 가진 사람은 하나님께 소망을 두며 하나님을 신뢰함으로 소망 안에서 권위에 순종할 줄 안다. 고요하고 안정된 심령을 가진 아내들은 남편에게 순종할 줄 안다. (벧전 3:4,5)

고요한 심령은 하나님의 은혜이다. 우리 영혼에 하나님의 은혜가 역사할 공간을 만들 때 고요한 심령이 형성된다. 침묵이 고요한 심령이 만들어지는 공간이다. 헨리 나우웬은 침묵을 통해 말씀이 머리에서 마음으로 내려오게 된다고 말한다. "침묵을 통해 말씀이 지성에서 마으로 내려온다. 이때 말씀은 거기에서 하나님에 의해 모든 인간적인 말과 개념을 초월해서 내적인 변형이 일어날 수 있는 자리를 제공할 수 있다."[16] 그러므로 침묵에서 나오는 말은 힘이 있다. 침묵에서 나오는 말이 안전하다. 토마스 아켐피스는 "침묵을 사랑하지 않는 한 아무도 언어에 안전할 수 없다."고 말했다.

온유한 심령이란 고요한 심령이다. 이 심령은 부드럽고 조용하다. 세심하고 민감하다. 마음의 절제된 열정과 따뜻함을 갖는다. 사람을 살리는 신비한 심령이다. 고요함에서 나온 말은 힘이 있고 생명을 준다. 고요한 심령은 침묵을 통해 형성된다. 하나님 앞에 조용히 머물 때 말씀과 성령의 역사가 우리 안에 일어난다. 고요한 심령의 신비를 맛보는 자는 복되다.

---

16) 헨리 나우웬, 마음의 길, 분도출판사, 1989, p63

길들여진 야수

2부
—

온유한 자를
본받는 지혜

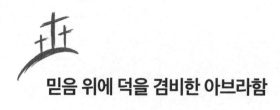

믿음 위에 덕을 겸비한 아브라함

아브라함은 관용의 사람이었다. 조카 롯의 탐욕과 무례함을 너그럽게 대하고 양보하며 축복해 주었다. 관용은 너그러운 마음과 친절한 마음을 의미한다. 죄를 정당화하지는 않으면서 연약함을 너그럽게 받는 마음이다. 관용 속에 남을 배려하는 마음과 친절한 마음이 담겨 있다. 관용은 덕이다. 하나님은 우리로 하여금 믿음에 덕을 가지라고 말씀하신다.(벧후1:5) 믿음의 여정을 시작한 아브라함에게 있어 필요한 것이 덕이었다. 믿음은 진리를 기초로 한다. 그래서 날카롭기 쉽다. 남을 정죄하기 쉽다. 사람을 대하여 마음이 좁아지기 쉽다. 믿음을 가진 사람에 대한 하나님의 관심은 덕이다. 믿음에 덕을 가진다면 보다 균형 있는 인격이 된다. 예수님이 믿음과 덕을 겸비한 분이다.

아브라함의 관용은 온유함에서 왔다. 아브라함은 어린 조카가 키워준 삼촌을 배려하지 않고 먼저 좋은 것을 택하는 것을 보며 실망했을 것이다. 믿음의 길을 서로 격려하며 함께 협력하며 살지 않고 자신의 욕심만을 챙기는 그를 보며 배신감도 느꼈을 것이다. 믿음의 선배로서

길들여진 야수

삶의 선배로서 또 삼촌의 신분으로서 그에게 감정을 폭발시킬 수도 있었다. 그러나 그는 자신의 분노를 제어할 줄 알았다. 그는 이미 예배를 통해 고난을 통해 분을 참고 절제하는 법을 배워 가고 있었다. 온유함을 배우고 있었던 것이다. 아브라함의 관용은 온유함에서 왔다. 온유란 우리 자신 안에 있는 절제할 수 없는 본성을 길들이는 능력이다. 워렌 위어스비는 "온유는 약함이 아니라 통제하에 있는 능력이다."라고 말했다. 아브라함은 권위주의를 포기하고 온유를 선택했다. 따뜻한 마음과 부드러운 마음으로 무례한 조카를 축복했다.

아브라함의 온유는 가난한 마음과 애통하는 마음에서 왔다. 그는 믿음의 힘찬 발걸음을 내디딘 후에 기근이 왔을 때 하나님을 의뢰하지 못하고 애굽으로 갔다. 거기서 그는 자신의 연약함 때문에 아내를 누이라 속이고 왕에게 아내를 양보하는 어리석은 행동을 했다. 후에 그의 잘못이 드러나게 되고 수치를 당했다. 그는 자신에 대해 철저히 실망했다. 그는 자신을 신뢰하는 것이 얼마나 어리석은 일인 줄 깊이 깨달았다. 자신의 죄에 대해 애통하는 마음을 갖게 되었다. 가난한 심령 속에 주시는 천국을 경험했고 애통하는 자에게 주시는 하나님의 위로를 경험했다. (마5:3,4) 그 속에 온유의 성품이 위로부터 선물로 주어진 것이다. 자기 힘으로 분과 혈기를 제어할 수 없다는 것을 인정하는 가난한 심령 속에 성령의 능력이 부어진다. 자신의 죄에 대해 가슴 아파하고 회개할 때 성령의 위로가 임한다. 성령의 능력과 위로가 있을 때 우리의 마음은 부드럽고 따뜻해진다. 자신의 부족함을 알고 하나님의 긍휼하심을 아는 사람은 다른 사람에 대해 관대할 수 있다.

하나님에 대한 신뢰가 온유한 마음을 갖게 한다. 롯이 눈에 보기에 좋은 땅을 먼저 차지할 때 그는 보이지 않는 하나님을 신뢰했고 그 약속을 신뢰했다. 하나님께서 약속하신 것을 이루실 것이라는 믿음과 하나님에 대한 신뢰가 다른 선택을 하게 했다. 멀리 바라봄으로 끓어오르는 분노를 제어할 수 있었다. 조카 롯에게 좋은 것을 양보해도 하나님은 분명 자신을 축복할 것을 믿었다. 하나님은 소유를 놓고 싸우기를 원치 않는다는 것을 잘 알고 있었다. 믿음은 새로운 삶을 살게 한다. 남을 먼저 축복하게 한다. 소유를 놓고 싸우는 삶에서 자유하는 삶을 살게 한다. 믿음이란 예수 그리스도를 주인으로 모시며 사는 삶을 의미한다. 그때 우리의 주인은 우리의 필요를 넉넉히 채우신다. "인생의 목적은 우리의 자유를 찾는 데 있지 않고 우리의 주인을 찾는 데 있다."(휘시스)

온유는 하나님 기뻐하시는 성품이다. 약속이 있는 성품이다. 이 땅에서 하나님 나라를 경험하며 하늘의 복과 땅의 복을 누리며 살게 하는 성품이다. 풍부한 화평을 즐기게 하는 성품이다. 온유는 하나님을 얻게 하며 또한 사람을 얻게 한다. 아브라함이 롯을 향하여 온유와 관용으로 대한 후에 하나님께서 그에게 나타나셔서 위로하셨다. 약속을 상기시켜 주셨다. 그리고 조카 롯을 얻었다. 지혜로운 자는 사람을 얻는다. 온유는 하늘의 지혜이다. "의인의 열매는 생명나무라 지혜로운 자는 사람을 얻느니라"(잠11:30)

싸우지 않고 이긴 이삭

인생은 전쟁이다. 전쟁을 좋아하는 사람은 거의 없다. 그러나 누구도 전쟁을 피할 수 없다. 싫든 좋든 우리는 전쟁터에 살아가야 한다. 나면서부터 죽을 때까지 계속 말이다. 우리를 공격하며 싸움을 걸어오는 것들이 많이 있다. 질병, 가정불화, 여러 입시 시험의 압력, 취직의 압력, 결혼, 결혼생활, 직장생활, 자녀 양육, 노후 생활, 그리고 교회 생활 등 여러 상황들이 우리에게 압력을 준다. 때로는 압력을 이기지 못해 쓰러지기도 한다. 우리를 가장 어렵게 하는 싸움이 있는데 그것은 인간관계이다. 인간관계 자체가 우리에게 싸움을 걸어오는 전쟁과 같다. 부부관계, 부모와의 관계, 형제간의 관계, 스승과의 관계, 친구와의 관계, 직장 동료와의 관계, 성도 간의 관계 등 여러 가지 관계들과 우리는 씨름하며 살아간다. 관계를 잘하면 행복이 찾아오고 관계를 잘하지 못하면 불행이 찾아온다.

관계의 비결을 일찍 부터 깨닫고 일평생 승리하는 삶을 살았던 사람이 있다. 그는 아브라함의 아들, 이삭이다. 이삭은 싸우지 않고 이기는 비밀을 알고 있었던 사람이다. 그가 가지고 있던 승리의 비밀은 바로 온유함이었다. 그에게 있어서 온유함은 인생을 승리로 이끈 강력한 무기였다. 그의 온유는 창세기 26장에서 블레셋과의 싸움에서 잘 드러난다. 이삭이 블레셋 땅에서 거부가 되었다. 블레셋 사람들의 시기를 받았다. 이삭이 우물을 파기만 하면 블레셋 사람들이 질투가 나서 심술을 부렸다. 이유 없이 우물을 막아 버렸다. 이삭은 그들과 싸우지 않았다. 저항하지 않았다. 얼굴을 붉히지 않았다. 옮겨 가면서 세 번이나 우물을 팠는데 계속 쫓아와서 우물을 막았다. 이삭은 불평하지 않았다. 그러나 포기하지도 않았다. 옮겨 다니면서 계속 우물을 팠다. 마침내 이삭은 넓고 좋은 장소를 찾았다. 블레셋 사람들이 더 이상 쫓아오지 않았다. 하나님께서 예비하신 가장 좋은 우물을 발견하게 된 것이다. 자신을 시기하여 싸움을 걸어오는 사람 앞에서 이삭은 싸우지 않고 승리했다. 이삭은 일평생 이러한 태도를 견지했다. 그의 일생은 항상 형통했다. 그의 온유함이 그를 형통한 길로 인도했다.

　이삭의 온유는 하나님에 대한 철저한 신뢰에서 왔다. 하나님께서는 자신을 찾는 자에게 좋은 것을 주시는 분이심을 굳게 믿게 되었다. 기다리고 참는 자에게 복 주시는 분이심을 알고 끝까지 인내했다. 하나님께서 하나님의 때에 반드시 약속을 성취하실 것임을 분명하게 믿었다. 불의와 대항하여 싸우기보다 뒤로 과감하게 물러났다. 그러나 이삭은 결코 낙심하지 않고 또한 머물지도 않았다. 낙심하지 않고 끝까지 전진하는 투지력 있는 믿음을 가졌다. 그는 하나님을 신뢰했다. 하나님께서 승리를 주실 것을 분명하게 믿었다. 기다림의 비밀을 알았다. "그러나 여호와께서 기다리시나니 이는 너희에게 은혜를 베풀려 하심이요 일어나시리니 이는 너희를 긍휼히 여기려 하심이라 대저 여호와는 공의의 하나님이심이라 무릇 그를 기다리는 자는 복이 있도다"(사30:18) 이삭은 하나님의 때를 기다렸다. 하나님의 예비하심을 기다렸다. 가장 좋은 것 주심을 기다렸다.

이삭은 어려서부터 온유함의 비밀을 알았다. 그는 그의 아버지 아브라함과 함께 모리아산에 간 적이 있었다. 그가 소년 시절이었을 때였다. 말없이 삼 일 길을 가는 아버지에게 질문했다. 하나님께 드릴 양은 어디 있느냐고 물었다. 아버지는 "야호와 이레" 즉 "하나님께서 예비하신다"라는 말만 했다. 이삭은 조용히 아버지 말을 신뢰했다. 아버지가 자신을 묶고 제단에 올려 칼로 치려할 때도 반항하지 않았다. 그는 이미 하나님을 신뢰하고 있었다. 아버지 아브라함을 신뢰하고 있었다. 결과는 기적이었다. 죽지 않았고 하나님의 예비하신 수양을 볼 수 있었다. 그는 이때부터 하나님 앞에 온유하게 자신을 다스리는 것이 얼마나 중요한지를 깨달았다. 이후부터는 이해가 되지 않아도 분을 조절할 줄 알았다. 하나님께서 합력하여 선을 이루실 것을 믿었기 때문이다. 하나님께서 신실하게 약속을 이루실 것을 믿었다. 분을 내는 것이 하나님께 기쁨이 되지 않음을 알았다.

그는 자신의 아내를 구할 때도 일체를 하나님께 맡겼다. 아버지와 엘리에셀에게 맡겼다. 조용히 묵상하는 일에 전념하였다. 그는 결국 최선의 배필 레베카를 얻었다. 자신의 배필을 찾으려고 꾀를 부리지도 않았다. 열심히 찾아다닌 것도 아니었다. 그는 하나님의 때에 하나님께서 예비하신 사람을 하나님의 방법으로 주실 것을 믿었다. 이 문제에 있어 조급함과 싸우지 않았다. 그의 인생은 일평생 구김살이 없었다. 거드름이 없었다. 허영이 없었다. 그의 내면에는 싸움을 일으키는 요소가 전혀 없었다. 자신을 낮출 줄 알았다. 그의 마음은 부드럽고 따뜻했다. 그의 온유함 속에 싸우지 않고 이기는 비밀이 담겨 있었다. 이삭은 "진정한 강함은 부드러움에 있다"는 격언을 몸소 삶으로 보여 주었다. 이삭의 온유함의 지혜는 오늘날에 우리에게 큰 메아리로 말하고 있다.

길들여진 야수

험악한 세월을 산 야곱

　야곱은 만년에 애굽 왕 바로 앞에서 자신이 "험악한 세월"을 살았노라고 고백했다. (창47:9) 당시 그의 나이 130세였다. 험악하다는 말은 원어적으로 "드물게 불행한" 혹은 "드물게 비참한"의 의미를 갖는다. 사례가 없을 정도로 불행하고 비참한 세월을 살았다는 말이다. 그의 아버지 이삭이 일백 팔십 년을 평탄하고 행복하게 살았던 것과는 대조적인 인생이다. 이러한 차이는 어디에서 나온 것일까?

　절제되지 않은 본성이 인생길을 험난하게 만든다. 길들여지지 않는 욕심의 야수가 불행을 가져온다. 야곱은 일평생 마음속에서 다툼이 많은 사람이었다. 야곱은 말과 행동은 조용한 사람이었지만 그의 마음은 요란했다. 아버지 이삭이 어려서부터 순종적이었던 반면 야곱은 생애 많은 부분을 자기 욕심에 이끌려 살았다. 마음속에 하나님의 소원과 자신의 소원이 치열하게 싸웠다. 그러나 많은 부분 자신의 뜻을 선택하며 살았다. 그것이 그의 인생에 수없이 많은 다툼을 불러왔다.

　야곱은 태중에 있을 때부터 형 에서와 서로 싸웠다. (창25:22) 출생할 때도 형에서의 발꿈치를 잡고 싸우면서 나왔다. 좋은 것을 꼭 빼앗고 싶은 마음이 있었다. 그는 형에게 지기 싫어했다. 그는 믿음이 있었다. 그러나 그에게는 덕이라고는 찾아볼 수 없는 믿음이었다. 하나님의 축복도 불의하고 야비한 방법을 사용하여 얻었다. 그는 팥죽으로 장자명분을 형으로부터 빼앗았다. 아버지를 속여 축복을 가로챘다. 결국 형에서의 분노의 앙갚음을 피해 멀리 삼촌 라반의 집으로 피신해야 했다. 야곱은 거기에서도 욕심은 그칠 줄 몰랐다. 라반의 딸 라헬을 너무 사랑하여 아내로 맞았다. 그 이후 그는 네 명의 여인들과 더불어 살아야 했다. 여인들의 시기와 질투 속에서 피곤한 인생을 살았다.

하나님은 야곱의 내면을 길들이셨다. 야곱이 자신의 욕심을 제어하지 못해 괴로워하고 있을 때 하나님은 스스로 야곱의 욕심을 길들이고 계셨다. 하나님께서 야곱을 훈련시키기 위해 사용하신 사람이 삼촌 라반이었다. 삼촌 라반은 인간적인 지혜에 있어서 야곱보다 훨씬 앞선 사람이었다. 야곱보다 더 탐욕스러운 사람이었다. 라반은 조카 야곱을 20년간 품삯도 제대로 주지 않고 부려 먹었다. 야곱은 꾀를 내어 라반의 집을 떠났다. 그의 자아는 그 험한 훈련을 통해서도 변화되지 않았다. 하나님은 야곱의 돌아오는 길에 에서를 보내셨다. 에서는 야곱을 죽이고자 찾아오고 있었다. 야곱은 여기에서 절대절명으로 하나님 앞에 부르짖는다. 밤새도록 간구하며 하나님과 씨름한다. 결국 그는 처음으로 내면의 승리를 거둔다. 하나님 앞에 굴복하는 법을 배운다. 육신의 소욕에 반응하지 않고 성령의 소욕에 순복하게 된다. 그는 남의 발꿈치를 붙드는 야곱이라는 이름에서 하나님과 싸워 이겼다는 이스라엘이라는 이름을 얻게 되었다. 하나님께서 야곱을 길들이는 데 성공하셨다.

하나님께 순복하는 법을 배우고서 비로소 내면의 싸움을 멈추게 된다. 안식을 얻게 된다. 야곱은 하나님 안에서 변화된 이후에 비로소 참평화를 얻었다. 내면의 싸움을 멈추어야 했다. 형 에서와도 평화를 누리게 되었다. 자신의 꾀를 버린 후에 하나님의 지혜로 살게 되었다. 그러나 그는 그 이후에도 여전히 험한 삶을 살아야 했다. 자신이 뿌려놓은 씨앗을 거두어야 했다. 그의 자녀들은 4명의 어머니가 서로 싸우는 것을 보며 자랐다. 야곱이 4명의 아내와의 사이에서 갈등하는 것을 보며 자랐다. 그들도 어려서부터 싸우는 것을 보며 자랐다. 그 아들들이 야곱에게 큰 짐이 되었다. 그의 총애하던 아들 요셉을 잃어버리는 아픔을 겪어야 했다. 그러한 과정을 통해 하나님은 야곱을 연단하셨다. 그의 내면을 더욱 길들이고 다듬으셨다.

하나님은 험악한 세월을 통해 야곱을 길들이셨다. 하나님은 걸작품을 만드시는 토기장이이시다. 야곱을 실망시키지 않으셨다. 그에게 은혜를 베푸셨다. 애굽에 총리가 된 요셉을 보게 하셨다. 무엇보다도 하나님의 사람으로 하나님의 일을 훌륭하게 감당하는 요셉의 대견함을 보게 하셨다. 하나님은 야곱의 약점들을 극복한 아들을 만드셨다. 요셉은 인내의 사람이었다. 용서의 사람이었다. 지혜의 사람이었다. 하나님의 성품을 닮은 사람이었다. 결국 만년에 요셉을 통해 야곱을 위로하셨다. 야곱의 험악한 세월은 헛되지 않았다. 토기장이 되신 하나님께서 야곱을 빚으셨고 결국엔 평안한 삶을 주셨다. 그는 고센 땅에서 안식을 누리며 만년을 보냈다 그의 생애 마지막은 아름다웠다. 전애굽이 70일간 야곱의 죽음을 애도했다. 남의 발꿈치를 붙잡고 나와 일평생 싸움 속에 험악한 세월을 보낸 야곱은 평화로이 생을 마쳤다. 하나님은 야곱을 사랑하셔서 성실하게 길들이셨다. 하나님은 험악한 세월을 지나게 하셔서 야곱에게 온유를 가르치셨다. 험한 세월 속에도 은혜가 있음을 보며 찬양을 드리게 된다.

토기장이의 손이 만든 요셉의 너그러운 마음

요셉은 따뜻한 마음을 가졌다. 남의 허물을 용서하는 너그러운 마음을 가졌다. 자신을 죽이려하고 또 애굽에 팔아넘긴 형들을 용서했다. 그들에게 보복하지 않았다. 요셉을 유혹하고 도리어 요셉을 감옥에 넣은 보디발 장군의 아내와 보디발 장군에게 보복하지 않았다. 형들을 용서했을 뿐 아니라 그들의 생활을 모두 책임져 주었다. 요셉은 형과 보디발 장군의 아내로 인해 얼마나 고통스러운 인생을 살았는가? 그의 억울함과 원통함은 어떠했을까?

요셉은 사람과 환경을 원망하는 대신 하나님을 찾았다. 절망 속에서 하나님께 부르짖었다. 하나님은 그의 부르짖음에 응답하셨다. 하나님을 찾으면서 그는 하나님을 만났고 하나님을 경외하는 법을 배웠다. 하나님은 자신을 경외하는 자에게 그의 친밀함을 보이시고 언약을 보여 주셨다. (시25:14) 꿈을 보여 주셨다. 요셉은 하나님 함께하심을 경험했다. 하나님의 함께하심 속에 형통함의 비밀이 있음을 깨달았다. 애굽에 팔려가지 않았다면, 그리고 억울하게 감옥에 들어가지 않았다면 경험할 수 없었던 하나님을 만났다. 부모와 형제를 잃었지만 직장을 잃었지만 그는 하나님을 얻었다. 하나님 안에서 평안을 누리는 법을 배웠다. 하나님의 놀라운 섭리를 배웠다.

하나님을 찾는 사람은 하나님을 경외하는 사람이다. 하나님을 경외하는 사람은 하나님의 눈길을 의식하며 산다. 요셉은 일평생 하나님의 눈길을 의식하며 살았다. 아무도 없는 곳에서 매력적인 여자의 유혹을 뿌리쳤다. 하나님께 득죄하지 않기 위해서였다. 그는 하나님께서 자신과 함께하시며 자신을 보고 계심을 잘 알았다. 그는 마음에 하나님을 주로 삼아 자신을 거룩하게 할 줄 알았다. 경외함 속에 지혜가 주어진다. 경외함이 지혜의 근본이다. 거룩하신 하나님을 아는 것이 명철이다. (잠9:10) 아니 경외함이 지혜 그 자체이다. (렘28:28)

지혜로운 사람은 하나님의 주권을 믿는다. 하나님의 섭리를 믿는다. 섭리를 믿는 사람은 어떠한 어려움 속에서도 하나님의 선한 계획을 발견하고 기뻐할 수 있다. 요셉은 섭리를 믿었다. 그는 자신을 해하려 했던 사람들을 생각하기보다 하나님을 생각하는 것을 택했다. 하나님께서 주신 약속을 이루실 것을 소망 가운데 바라보았다. 하나님을 경외하는 자에게 장래가 있음을 믿었다. (잠23:17,18) 하나님의 말씀의 단련을 인내함으로 잘 견뎠다. (시105:19) 토기장이 되신 하나님께서 선한 계획 가운데 우리의 형상을 빚으신다.

토기장이 되신 하나님의 손은 하나님을 경외하는 사람의 마음을 빚으신다. 하나님께서 요셉의 마음을 만지셨다. 그의 마음은 점점 넓어

길들여진 야수

졌고 부드러워졌다. 따뜻해졌다. 요셉의 마음은 점점 온유해져 갔다. 그는 그의 고난을 하나님의 선한 계획 속에서 이루어진 것임을 깨달았다. 사람들은 그를 해하려 했지만 하나님은 그것을 선으로 바꾸시는 분이심을 알았다. 그는 하나님을 깊이 알아가는 동시에 인간의 사악함과 연약함을 철저히 배웠다. 인간들의 연약함을 이해하는 깊이를 더해 갔다. 그는 더 이상 사람을 원망하거나 환경을 불평하지 않았다.

하나님의 섭리 속에 우리를 향한 소명을 담아 두신다. 그 소명을 발견한 사람은 넉넉한 마음을 가지고 산다. 남과 경쟁하지 않는다. 남에게 보복하지 않는다. 싸우지 않는다. 하나님께서 주신 꿈을 향해 가기 때문이다. 인생을 향한 하나님의 부르심에 헌신하는 것은 성공적인 인생의 기초이다. 요셉은 수많은 고난 중 하나님과 동행하면서 이것을 깨달았다. 그의 마음 안에는 하나님께서 주신 꿈이 있었다. 무엇보다도 위대한 꿈은 하나님과 그분의 계획을 아는 것이었다. (창50:20) "모든 것 중 가장 위대한 꿈은 하나님을 아는 것이고 하나님께서 당신의 삶에 계획하신 것을 아는 것이다."[17]

우리 각자를 향한 하나님의 섭리를 믿자. 그분은 전능하신 토기장이이시다. 그분께서 빚으시면 어떤 고난과 억울함도 아름답게 만드실 수 있는 분이다. 그분께서 내게 가장 최선의 계획을 갖고 계심을 믿고 그 꿈을 찾아 나아가자. 무엇보다 위대한 꿈은 하나님을 아는 것임을 잊

---

17) 래비 재커라이어스, 위대한 장인, 토기장이, 2008. p95

지 말자. 하나님을 경외하자. 그때 우리의 마음은 요셉과 같이 지혜롭
게 되며 온유하게 됨을 기억하자.

길들여진 야수

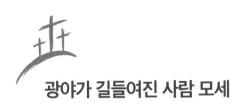

광야가 길들여진 사람 모세

모세는 길들여지지 않은 야생마와 같은 사람이었다. 그는 거침이 없었다. 능력이 있는 사람이었다. 학문이 능한 자요 말과 행사가 능한 자였다.(행7:22) 그는 자신 만만했고 승승장구했다. 공주의 아들로서 왕위까지도 넘볼 수 있는 권력의 사람이었다. 어느 누구도 그를 길들여 훈련할 수 없었다. 그에게는 혈기가 있었다. 의로운 일을 위해 사람을 죽여도 된다고 생각했고 실제 동족을 학대하는 애굽 사람을 쳐 죽였다. 그는 내면의 야수를 길들인 다는 것이 무엇인지 모르는 사람이었다. 그는 사람들로부터 버림받아 광야로 도망해야만 했다.

광야는 모세가 온유함을 배우는 소중한 장소였다. 하나님께서 훈련시키기에 가장 적합한 장소였다. 광야는 인격이 성숙되는 곳이다. "광야는 성령의 열매가 재배되는 곳이다."[18] 하나님께서 모세를 훈련하신 목표는 그의 내면이었다. 내면의 동기였다. 하나님을 추구하는 동기를

---

18) 존비비어, 광야에서의 승리, 2007. p28.

순수하게 하는 것이었다. 하나님을 전적으로 의지하는 것이었다. 하나님 뜻에 순종하는 사람으로 만드는 것이었다. 내면의 야수를 길들여 온유한 사람으로 만드는 것이었다.

광야는 화려하지 않은 곳이었다. 애굽의 궁전과는 비교도 되지 않았다. 불편했고 단순했다. 매일마다 하나님의 인도하심과 공급하심을 구해야 하는 곳이었다. 하나님을 찾고 하나님을 생각할 수 있는 시간이 많았다. 애굽에서는 할 수 없었던 경건의 훈련을 할 수 있었다. 모세는 광야에서 비로소 기도하는 습관을 배웠다. 그 소중한 습관이 후에 그를 무릎 꿇는 지도자로 만들었다.

광야는 겸손과 섬김을 배우는 곳이었다. 그에게는 더 이상 타이틀이 없었다. 그를 섬기는 수많은 종들이 더 이상 없었다. 그는 단지 양치기였다. 모세는 광야에서 권세를 내려놓고 섬김을 배워야 했다. 그는 장인 이드로를 섬겼다. 이드로는 매우 탁월한 사람이었다. 모세는 장인의 지도하에 탁월한 섬김의 훈련을 했음에 틀림이 없다. 애굽에서 어느 누구도 그를 훈련시킬 사람이 없었다. 그러나 광야에서 비로소 사람에게 배우는 사람이 되었다. 광야 생활에 대해 양치는 법에 대해 가정생활에 대해 평민들의 생활에 대해 배웠을 것이다. 사람에게 순종하고 굴복하는 법을 비로소 배웠을 것이다. 광야라는 환경의 어려움보다 사람에게 순종하는 것이 더 힘들었을 것이다. 모세는 또한 아내 십보라를 섬겨야 했다. 아이들을 섬겨야 했다. 그리고 양들을 섬겨야 했다. 양들을 치면서 양의 고집스러움을 배웠다. 거기서 자신의 모습을 보게

　　　　　　　　　　　　　　길들여진 야수

되었을 것이다. 양치기에게 필요한 것은 부지런함과 성실함이다. 그는 비로소 마음의 성실함과 손의 공교함으로 섬기는 법을 배우게 되었다. 그의 마음은 따뜻해지고 부드러워졌다.

광야는 하나님의 임재를 경험하는 곳이다. 모세는 광야 사십년의 훈련기간을 지나면서 하나님의 임재를 경험했다. 하나님의 음성을 들었다. 하나님의 거룩하심을 경험했다. 친밀하게 말씀하시는 음성을 들었다. 하나님의 임재의 경험을 통해 모세는 영적 권위를 얻었다.[19] 모세의 지도력이 영적 지도력으로 변화되는 순간이었다.

광야는 모세를 온유한 지도자로 만들었다. 자신의 힘으로 이스라엘 민족을 구하려 했던 그는 하나님과 동행하며 하나님의 인도를 받는 사람이 되었다. 그는 어떤 비방에도 보복하지 않고 하나님께 기도하는 온유한 자가 되었다. 미리암과 아론의 비방에 대해 그는 힘으로 그들을 누르지 않았다. 하나님께서 그를 지면에서 가장 온유한 자라고 칭찬하셨다.

진정으로 온유한 지도자는 물러날 때 물러날 줄 아는 지도자이다. 모세의 아름다운 지도력 승계는 실패를 통해 이루어졌다. 더 깊이 있는 온유함을 배운 후에 이루어진 것이다. 모세는 므리바에서 물이 없어 불평하는 백성들에게 분을 발하였다. (민20:1-13) 하나님은 그에게 바위에 대고 명하라고 했는데 그는 도를 지나쳤다. 바위를 두 번이나

---

19) Robert Clinton, Making a Leader, NavPress: Colorado Springs, 1988, p168

친 것이다. 하나님은 그가 도를 지나치게 분을 발하는 것을 보시고 슬퍼하셨다. 하나님의 거룩함을 드러내지 못한 것이다. 모세도 인간이었고 연약함이 있었다. 실패할 수 있는 사람인 것이다. 이 실패로 인해 모세는 가나안 땅에 들어가지 못하게 되었다. 뼈아픈 경험을 통해 하나님의 거룩하심을 배웠다. 비록 모세는 가나안 땅에 들어가지 못했지만 그보다 더 큰 은혜를 입었다. 하나님의 뜻을 따라 지도력을 이양하는 아름다운 본이 된 것이다. 모세의 온유함은 지도력이양의 과정에서 하나님께 순종하는 것을 통해 가장 크게 드러났다.

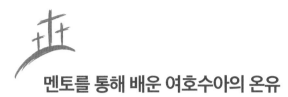

멘토를 통해 배운 여호수아의 온유

하나님은 순종의 훈련을 위해서 일정기간 권위 아래서 배우도록 하신다. 눈에 보이는 지도자에게 순종하지 않는 사람은 눈에 보이지 않는 하나님께 순종할 수 없다. 하나님에 대한 순종의 태도는 지도자나 다른 사람들에 대한 태도를 보면 알 수 있다. 하나님을 경외하는 사람은 지도자를 경외할 줄 안다. 이는 매우 밀접하게 연결되어 있다. 솔로몬은 잠언에서 하나님과 왕을 동시에 경외하라고 명하고 있다. "내 아들아 여호와와 왕을 경외하고 반역자로 더불어 사귀지 말라"(잠24:21) 지도자는 하나님 다음으로 경외의 우선적 대상이다. 지도자와의 관계는 경외를 배우는 주요한 통로이다.

멘토는 영적 능력이양의 주요한 통로이다. 로버트 클린톤은 "멘토링은 한 사람이 자신의 자원을 다른 사람에게 전달함으로써 능력을 부여하는 관계적 경험이다."[20]라고 말했다. 여호수아는 멘토를 통해 하나

---

20) 로버트 클린턴, 인도, 네비게이토출판사, 2000, p12

님과의 관계와 인격 그리고 사역을 배웠다. 여호수아는 40여 년 이상 모세를 따르며 배웠다. 모세가 죽은 후 여호수아가 이스라엘의 지도자가 된 이후에도 하나님은 모세를 '여호와의 종'으로 묘사하신 반면 여호수아는 '모세의 시종'으로 부르셨다.(수1:1) 여호수아는 멘토를 통해 능력을 전수받았음을 말해 주는 말씀이다.

관계를 통해 배우는 것 중의 하나가 본을 통해 배우는 것이다. 여호수아는 모세를 따르면서 모세가 비방을 어떻게 처리하는 가를 배웠다. 미리암과 아론이 모세를 비방했을 때 모세가 온유함으로 대하는 것을 보았다. 고라 사람들이 모세를 비방했다가 땅속에 묻히는 것을 목격하며 하나님에 대한 두려움을 배우기도 하였다. 남을 비방하고 판단하는 것이 얼마나 나쁜 것이며 무서운 결과를 초래하는지를 잘 배웠다. 무엇보다도 여호수아는 모세 곁에서 하나님과 친밀하게 교제하는 가운데 변화받는 것을 눈으로 목격하며 배웠다. 모세가 하나님과 친구와 같이 친밀하게 교제할 때 청년 여호수아는 회막을 떠나지 않고 끝까지 지켰다.

관계의 갈등을 통해 우리는 변화를 경험한다. 철이 철을 날카롭게 하듯 부딪힘을 통해 변화될 때가 있다. "철이 철을 날카롭게 하는 것 같이 사람이 그의 친구의 얼굴을 빛나게 하느니라"(잠27:17) 때로 여호수아는 모세와 생각이 다를 때도 있었다. 여호수아는 갈등을 통해 마음이 넓어지는 것을 경험하기도 했다. 여호수아도 시기와 질투에 빠질 때가 있었다. 자신들과 함께하지 않은 사람들이 성령을 받고 예언하는 것을

길들여진 야수

못마땅했다. 이때 모세는 여호수아를 책망했다. 하나님은 모든 백성이 하나님의 신을 받고 예언하기를 원하신다고 말하며 그를 책망했다. 이때 여호수아는 자기 생각을 버리고 모세의 뜻에 순종해야 했다. 그것은 하나님의 뜻이었다. 이와 같이 여호수아는 40여 년 동안 모세를 따르며 모세에게 순종했다. 자기의 부인을 경험했다. 그 사이에 엄청나게 모난 부분이 깎여야 했다. 고통스러운 과정이었다. 다듬어지고 길들여져야 했다. 하나님께서 모세를 통해 여호수아를 조각하셨다.

여호수아는 멘토의 안수와 축복을 통해 성령의 충만을 경험했다. 하나님은 여호수아를 모세의 후계자로 지명하셨다. 모세의 안수를 통해 지혜의 신이 충만케 되었다.(신34:9) 성령에 의한 변화를 배웠다. 훈련 위에 부어진 성령은 놀라운 변화를 결과를 가져왔다. 그는 능력과 확신의 사람이 되었다. 흔들리지 않는 성품이 되었다. 하나님을 철저히 신뢰하는 사람이 되었다. 그의 마음은 따뜻하고 부드러워졌다. 온유한 사람이 되었다. 하나님의 뜻에 항상 유용한 사람이 되었다. 영향력 있는 지도자가 되었다. 여호수아의 온유함은 하나님의 능력의 통로가 되었다. 그는 가나안 땅을 정복하는 일에 지도자로서 크게 쓰임 받았다. 온유한 자가 땅을 차지한다는 말은 여호수아에게 적합한 말이었다. 약속의 땅에 들어간 이스라엘 사람들로 하여금 땅을 차지하게 한 것은 여호수아의 온유함이 하나님께 쓰인 바 된 것이다. 그 온유함은 모세와의 오랜 동안 멘토링 관계 속에서 배운 것이다. 상대적으로 갈렙에게는 이러한 과정이 적었다. 여호수아의 영향력은 그만큼 멘토링을 통해 다듬어진 성품에 기인된 것이다.

우리는 우리의 멘토를 통해 배움으로 더욱 온유함을 배운다. 온유함을 통해 순종을 배운다. 순종을 통해 영향력을 키울 수 있다. 멘토를 찾아 구하고 멘토를 귀히 여기는 삶을 살자. 멘토를 공경하며 배우는 동안 우리의 심령은 점점 온유한 심령으로 변할 것이다.

길들여진 야수

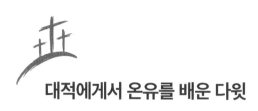

대적에게서 온유를 배운 다윗

　우리의 대적이 우리의 훌륭한 스승이 될 수 있다. 캔 키스는 "주위의 모든 사람과 모든 사물이 스승이다."[21]라고 말했다. 대적을 통해서 우리는 사람을 배운다. 인생을 배운다. 대적의 날카로운 공격 앞에 괴로워하는 동안 우리의 마음은 찢어지고 넓어진다. 사람을 이해하고 인생의 깊은 맛을 알게 한다. 대적은 우리를 지혜롭게 한다.

　대적은 우리가 어떤 사람인지를 잘 알게 한다. 다윗은 사울의 시기와 질투를 경험하면서 인간의 내면이 어떠함을 잘 알게 되었다. 인간이 얼마나 부패할 수 있는지 비열할 수 있는지를 깨달았다. 또한 다윗은 사울의 공격을 받으면서 자신이 얼마나 연약한 존재인지를 깨달았다. 그는 수 없는 밤을 낙망과 불안 속에서 보내야 했다. "내 영혼아 네가 어찌하여 낙망하며 어찌하여 내 속에서 불안하여 하는고"(시42:5) 사울은 기름 부음 받은 왕이었고 다윗의 직속상관이었다. 사울의 공격

---

21)　존 탬플턴, 성공론, 12장 지혜의 법칙

앞에서 다윗이 할 수 있는 일은 단지 피하고 도망하는 일이었다. 그는 수많은 밤을 지새우며 시를 지으면서 고통을 달랠 수밖에 없었다.

시험을 받을 때 유혹을 받는다. 다윗이 받은 유혹은 사울에게 보복하고 싶은 마음이었다. 사울의 사악함을 모든 사람에게 천하에 알려 쓰러뜨리고 싶은 유혹이었다. 사울처럼 인간적인 지혜로 맞서고 싶은 유혹이 있었다. 다윗은 선택해야 했다. 하나님을 경외할 것인가 아니면 세상의 방법대로 살 것인가에 대한 선택이었다. 그러나 다윗은 사울을 죽일 수 있는 상황에서 하나님 경외하기를 선택했다. 그는 이렇게 말했다. "자기 사람들에게 이르되 내가 손을 들어 여호와의 기름 부음을 받은 내 주를 치는 것은 여호와의 금하시는 것이니 그는 여호와의 기름 부음을 받은 자가 됨이니라 하고"(삼하 24:6)

대적은 우리를 하나님과의 친밀함으로 인도하는 길잡이다. 하나님을 더욱 깊이 경험하게 한다. 하나님 앞에 가난한 심령이 되기 때문이다. 가난한 심령이라는 말의 원어의 뜻은 "겨우 먹고사는"이라는 뜻이다.[22] 절박하다는 뜻이다. 다윗은 사슴이 시냇물을 찾듯이 간절히 주를 찾았다. 어려운 상황에서 주를 찾는 자가 주를 경외하는 자이다. 주를 가장 소중히 여기는 자이다. 하나님은 주를 경외하는 자에게 친밀함을 보이신다. (시25:14) 다윗에게 유일한 피난처는 하나님의 품이었다. 거기에서 다윗은 확정된 마음을 얻었다. (시57:7) 자신의 문제를 가

---

22) Kerry Walters, Merciful Meekness, Paul's Press, NY, p43

길들여진 야수

지고 주님을 찾았을 때 그는 주님을 만났고 주님을 발견하게 된 것이다. 그리고 그는 자신의 인생을 하나님의 관점에서 바라보게 되었다. 그리고 그는 확정된 마음 흔들리지 않는 마음을 얻었다. 하나님을 온전히 신뢰하는 사람이 되었다. 하나님 마음에 합한 사람이 된 것이다.

대적은 우리에게 넓은 시야를 열어 주는 길잡이다. 다윗은 하나님의 관점으로 세상을 바라보게 되었고 세상 사람들을 바라보게 되었다. 그는 열방이 주를 찬송하는 비전을 얻게 되었다. 자신의 삶이 그 일에 쓰임 받고 있음을 깨닫고 하나님을 찬양하게 되었다. (시57:9) 자신의 문제는 어느덧 사라지고 하나님의 이름이 높임 받는 것으로 기쁨을 삼게 되었다. 그의 마음은 넓어졌다. 그에게는 따뜻한 하나님의 마음이 스며들었다. 사울을 불쌍히 여기게 된 것이다. 자신이 불쌍한 것이 아니라 하나님을 알지 못하는 사울이 불쌍한 존재임을 깨달았다. 더 이상 하나님 앞에 괴로움을 토로하지 않았다. 하나님과 그 비전을 바라보며 넓은 마음이 된 것이다. 비전의 능력을 경험했다.

남의 공격 앞에 우리의 마음이 아프지 않을 때 진정한 온유가 드러난다. 하나님은 대적을 이용해 다윗의 눈을 열어 주시고 마음을 넓게 하셨다. 그의 마음은 부드러워졌고 따뜻해졌다. 그의 온유함은 시므이의 저주에 반응하는 장면에서 절정을 이루었다. 다윗은 훗날 아들 압살롬에 의해 도망갈 때 시므이로부터 저주의 소리를 들었다. 다윗은 아파하지 않았다. 그 속에도 하나님의 주권과 섭리가 있다고 믿었다. 시므이를 정죄하지 않았다. 훗날 시므이의 뉘우침도 받아들였다. 다윗은 오랫동안 대적의 공격을 받으며 마음속의 야수가 잘 길들여진 것이다. 우리 주위에 우리를 공격하는 대적들에 대해 감사해야 한다. 하나님은 그들을 통해 우리 안의 야수를 길들이신다. 나의 약점을 공격해도 아프지 않을 때 우리는 하나님의 마음을 닮은 사람이 된다. 하나님 마음에 합한 자가 되는 것이다.

길들여진 야수

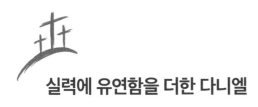

실력에 유연함을 더한 다니엘

다니엘은 실력 있는 사람이었다. 그는 소년 시절부터 지혜가 많았다. 이방 땅에 포로가 되어서도 그의 실력은 인정되었다. 그의 실력은 팔십 넘은 나이에도 조금도 쇠하지 않았다. 다니엘은 총리로서의 직무 수행 능력에 있어 뛰어났다. 성경은 다니엘에 대해 이렇게 적는다. "다니엘은 마음이 민첩하여 총리들과 방백들 위에 뛰어나므로 왕이 그를 세워 전국을 다스리게 하고자 한지라 이에 총리들과 방백들이 국사에 대하여 다니엘을 고소할 틈을 얻고자 하였으나 능히 아무 틈, 아무 허물을 얻지 못하였으니 이는 그가 충성되어 아무 그릇함도 없고 아무 허물도 없음이었더라"(단6:3,4) 이는 나이가 여든이 훨씬 넘었을 때의 다니엘을 묘사한 글이다. 노년의 나이에서까지 빈틈이 없었고 일처리에 있어 탁월했다. 그는 소년 시절부터 만년에까지 동일한 정신으로 살았다. 민첩한 마음이란 뛰어난 정신을 의미한다. 그의 실력은 충성됨에서 왔다. 충성됨이란 성실함이다. 성실함이 일에 있어서의 탁월함을 만든다.

다니엘은 유연한 사람이었다. 일반적으로 실력이 있으면 유연해지기 어렵다. 다니엘은 일에 있어서 아무 허물도 없고 그릇함도 없을 정도로 훌륭했다. 그러나 그는 관계에 있어 매우 유연했다. 상대방을 배려할 줄 아는 따뜻한 마음이 있었다. 그는 소년 시절부터 유연하고 따뜻한 마음을 가졌다. 신앙을 위해 왕의 진미와 포도주를 먹지 않기로 마음에 결심한 적이 있었다. 그렇지만 그것을 실행하는 것은 매우 신중했다. 자신의 결정이 주위에 미칠 파장을 고려했다. 자신의 결정이 환관장의 위치를 위태롭게 할 것을 알고 지혜를 발휘했다. 열흘 동안 채식만을 주어 얼굴이 상하는가 안 상하는가를 시험하여 보고 상하지 않으면 계속하게 해 달라고 청원을 한 것이다. 이는 자신의 신앙을 지키는 것과 환관장을 보호하는 것의 모두를 만족시키는 방안이었다. 자신의 거룩함을 지키면서도 관계의 화평함을 유지한 것이다. 다니엘은 관계를 유연하게 할 줄 알았다.

다니엘의 유연함은 그의 온유함에서 왔다. 그의 겸손함에서 왔다. 그는 바벨론 포로였다. 바벨론 포로 중 가장 먼저 포로된 자였다. 그는 환관이었을 가능성이 매우 많다. 다니엘서 1장에서 그의 상관은 왕궁의 환관장이었다. 이사야는 히스기야의 자손 중에 몇이 바벨론 왕궁의 환관이 될 것이라고 예언한 적이 있었다. "또 네게서 날 자손 중에서 몇이 사로잡혀 바벨론 왕궁의 환관이 되리라 하셨나이다"(사39:7) 실제 역사적으로 당시 바벨론 궁중에 있는 소년들은 모두 환관이었다고 한다. 포로인데다 환관이었던 것이다. 그는 어려서부터 마음에 찢어지는 고

길들여진 야수

통을 경험하며 살았다. 조상들의 죄악과 무능함으로 인해 자신이 겪어야 하는 불운에 대해 깊이 생각하며 괴로워해야 했다. 그러나 그는 불평하지 않았다. 하나님을 찾았고 하나님 말씀을 구했다. 그는 환경 넘어 역사하시는 하나님을 알았다. 낮아진 환경 속에서 그는 겸손과 온유를 배웠다. 섬김의 도를 배웠다. 이방 땅에서 하나님의 영광을 드러내야 하는 사명을 배웠다. 사명을 이루기 위해 철저히 온유한 자가 되어야 함을 알았다. 유연함을 배웠다.

실력과 유연함이 만나면 탁월함이 된다. 실력은 일에 있어서의 탁월함이다. 유연함은 관계에 있어서의 탁월함이다. 하나님 나라에서 탁월한 사람은 일과 관계에 있어 모두 탁월한 사람을 의미한다. 이런 사람이 하나님 나라의 인재이다. 예수님은 관계와 일에 있어 모두 탁월하셨다. 모든 일을 다 잘하시면서 많은 부류의 사람들을 품으셨다. 유연함은 넓은 품에서 나온다. 유연함은 적응력이다. 온유한 자가 유연하다. 온유와 성실을 갖춘 사람은 생명력이 길다. 오래 쓰임 받고 끝까지 쓰임 받는다.

다니엘은 바벨론시대 세 왕과 페르샤 시대 한 왕을 합하여 모두 네 왕을 섬겼다. 그는 늘 왕궁에서 고위직에 있었고 분봉왕 다리오의 총리대신으로 섬겼다. 이는 그의 업무적 능력뿐 아니라 시대적 변화에 적응력이 얼마나 뛰어났는지를 말해 준다. 얼마나 온유하고 유연하게 사람들과 시대에 적응했는지를 말해 준다. 신앙을 지키면서도 이렇게 탁월한 삶을 살 수 있는 비결은 모두 하나님으로부터 온 것이다. 하나님을 경외하는 자에게 생명을 길게 하는 복을 주시는 것이다. 이는 오늘날 일터에서 일을 하면서 하나님을 섬기는 우리들에게 좋은 귀감이 된다. 그의 성실함과 유연함은 오늘날에도 여전히 교훈이 된다.

길들여진 야수

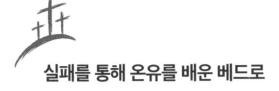

실패를 통해 온유를 배운 베드로

실패는 승리를 위한 것이다. 넘어짐은 일어섬을 위한 것이다. 하나님의 인생 설계에서 실패는 결코 좌절을 위함이 아니다. 배움의 기회이다. 하나님께 쓰임 받는 대부분의 사람들은 실패를 통해 신앙이 견고해졌다. 인격이 더욱 성숙하게 되었다. 믿음의 사람은 아무리 많이 실패를 한다 해도 다시 일어나는 사람이다. "대저 의인은 일곱 번 넘어질찌라도 다시 일어나려니와 악인은 재앙으로 인하여 엎드러지느니라"(잠24:16) 아브라함, 야곱, 모세, 다윗 등은 구약에서 모두 실패를 극복하면서 전진해 갔던 위대한 신앙인들이다. 신약에서 실패를 통해 성숙한 대표적인 인물은 베드로이다. 그들에게 있어 실패는 단지 잠시 돌아가는 길이었다. "실패란 잠시 돌아가는 길일 뿐이다. 이 사실만 알고 있다면 당신은 이미 성공의 길에 들어선 것이다."(코리 텐 붐)

베드로는 실패를 통해 자기를 신뢰하는 믿음이 얼마나 허망한가를 배웠다. 그는 예수님 곁에서 "…주를 위하여 내 목숨을 버리겠나이까"(요13:37하)라고 거침없이 말했던 사람이다. 그는 하나님을 신뢰하는 것을 배우지 못했다. 그의 믿음은 여전히 자신의 열심을 의지하는 단계였다. 자신을 신뢰하면 겉으로는 강한 것처럼 보이지만 쉽게 부러진다. 베드로는 얼마 안 있어 예수님을 세 번이나 부인했다. 닭이 울었을 때 예수님께서 하신 말씀이 생각나 심히 통곡하며 울었다.

베드로는 자신의 실패를 스스로의 힘으로 극복하며 주님께 돌아올 수 없었다. 자신의 힘으로 믿음을 지키려다 실패한 것처럼 돌아오는 것도 스스로 할 수 없었다. 베드로는 부활하신 예수님을 보고 한편으로는 기뻤지만 다른 한편으로는 괴로웠다. 부끄러웠다. 결국 친구들과 함께 고기 잡는 일로 돌아갔다. 옛날로 돌아간 것이다. 주님께 돌아가고 싶었지만 받아주실 것 같지 않아 감히 돌아올 수 없었다. 후회와 죄책감에 사로잡혀 갈릴리 바닷가에서 고기를 잡고 있었다.

예수님은 우리의 마음을 우리보다 더 잘 아시는 분이시다. 예수님께서 베드로의 마음을 아시고 먼저 찾아가셨다. 예수님은 베드로를 책망하지 않으셨다. 옛날 그 장소에서 고기 잡는 것을 조용히 도와주셨다. 친히 아침을 만들어 주셨다. 그리고 물으셨다. "요한의 아들 시몬아 네가 이 사람들보다 나를 더 사랑하느냐"(요21:15) 상한 갈대 같고 꺼져가는 등불과 같은 베드로의 약한 심령을 누르거나 꺾지 않으셨다. (사 42:3) "아직도 나를 사랑하고 있지? 그렇지?" 하고 베드로 안에 있는 사랑을 끄집어내셨다. 예수님의 심령은 한없이 따뜻하고 부드러웠다. 상한 갈대와 같고 꺼져가는 등불과 같은 베드로의 심령을 회복시키기에 충분했다. 예수님의 말씀은 치유하는 능력과 생명을 살리는 능력을 가

길들여진 야수

졌다. 베드로는 젖 먹는 힘까지 다해 "내가 주를 사랑하는 줄을 주께서 아시나이다" 하고 대답했다. 예수님은 속으로 됐다고 외치셨다. 그리고는 말씀하셨다. "내 양을 먹이라"고 말씀하셨다. 다시금 사명을 맡기셨다. 비전을 불어넣어 주셨다. 베드로의 영혼은 생명이 다시 약동하기 시작했다. 회개를 통해 심령이 새로워졌다. 성령의 능력을 경험하고 다시 꿈을 꾸기 시작했다. 스스로 일어설 수 없던 베드로를 예수님께서 먼저 찾아와 주셔서 회복시키셨다.

예수님의 온유를 경험한 사람이 온유의 열매를 잘 맺는다. 베드로는 예수님의 온유한 사랑에 의해 실패를 극복하고 다시 일어섰다. 훗날 베드로는 아시아에 흩어져 핍박받는 성도들에게 편지를 쓰면서 온유한 삶을 강조하며 가르쳤다. "악을 악으로 욕을 욕으로 갚지 말고 도리어 복을 빌라"(벧전3:9) 여인들에 대해선 "온유하고 안정된 심령"(3:4)을 가꿀 것을 당부했다. 또한 핍박중의 성도들에게는 전도하되 "온유와 두려움"(3:15)으로 증거하라고 권면했다. 젊은 자들에게는 "장로들에게 순복하고 다 서로 겸손으로 허리를 동이라"(5:5)고 권면했다. 베드로 전서 전체를 통해 성도들에게 핍박 앞에서 온유하도록 가르치고 있다. 자신이 배운 온유를 성도들에게 철저히 가르치는 모습을 보여주고 있다.

실패는 우리를 성숙으로 인도한다. 베드로는 실패를 통해 예수님의 온유를 배웠다. 그는 일평생 온유의 전도사가 되었다. 온유가 얼마나 능력 있는 삶인지를 철저히 경험했던 것이다. 베드로에게 실패는 배움의 기회였다. 부족한 인간의 믿음의 삶에서 실패하지 않는 것이 자랑이 아니라 다시 일어서는 것이 진정한 자랑이다. "나에게 있어 최대의 영광은 한 번도 실패하지 않은 것이 아니라, 넘어질 때마다 다시 일어나는 것이다."(골드 스미스)

길들여진 야수

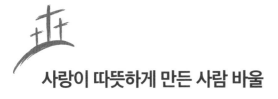

사랑이 따뜻하게 만든 사람 바울

    사랑이 사람을 부드럽게 만든다. 남편의 사랑을 받는 여인은 부드럽고 온화하다. 사랑받지 못한 여인은 거칠고 날카롭다. 성도는 하나님 앞에서 신부와 같다. 세례 요한은 예수님을 자신의 신랑으로 비유했다. 아가서에서도 솔로몬의 술람미 여인에 대한 사랑은 하나님의 성도에 대한 사랑으로 비유된다. 하나님의 사랑을 받는 자녀는 남편의 사랑을 받는 신부처럼 부드럽고 따뜻해진다. 온유한 마음이 된다. 하나님의 사랑의 속성 중에 하나가 바로 온유이다. 사도 바울은 하나님의 사랑의 특징을 열거하면서 "사랑은 오래 참고 사랑은 온유하며…"(고전13:4상)라고 말했다. 온유는 사랑의 두 번째 특성이다. 하나님의 사랑은 온유한 사랑이다. 그의 사랑을 받으면 자는 단단하고 냉랭한 마음이 부드럽고 따뜻하게 변화된다.

    바울은 하나님의 사랑으로 변화된 사람이다. 그는 예수님에 대해 훼방자요, 핍박자요 포행자였다.(딤전1:13) 스데반을 죽이는 일에 일조했다. 그는 거칠고 매우 폭력적이고 교만한 사람이었다. 스스로를 일컬어 죄인의 괴수와 같다고 말했다. 그러나 그가 예수 믿는 자들을 결박하기 위해 가던 중 다메섹 도상에서 예수님을 만났다. (행9:3) 예수님의 사랑의 빛을 경험했다. 그 빛이 어찌나 강했던지 그는 눈을 뜰 수 없었다. 그 사랑의 빛은 살기가 등등하던 바울의 마음을 온기가 가득한 마음으로 변화시키기에 충분했다. 하나님의 긍휼과 용서가 바울의 차가운 마음을 따뜻한 마음으로 변화시켰다.

바울의 차가운 마음은 율법주의에서 왔다. 율법주의는 사람을 판단하고 정죄한다. 사람을 죽인다. 사도 바울이 가지고 있던 살기는 율법주의의 냉랭함에서 온 것이다. 율법주의는 자신의 기준에 맞지 않으면 사람들을 정죄한다. 율법주의는 좁은 시야에서 비롯된다. 자신만 옳고 다른 사람은 모두 틀렸다는 왜곡된 시야에서 비롯된다.

예수님의 사랑만이 율법주의를 극복하게 한다. 예수님은 자신을 핍박하던 바울까지 사랑하고 용서하시는 분이시다. 이것을 깨달은 바울은 놀라운 변화를 경험했다. 눈에는 눈 이에는 이로서만 반응하는 것을 알았던 바울은 자신의 원수까지 품어 주고 사랑하시는 예수님의 사랑 앞에 마음이 녹아지고 넓혀지지 않을 수 없었다.

바울의 모든 삶과 사역의 동기는 예수님의 사랑이었다. 그는 "그리스도의 사랑이 나를 강권하는도다"(고후5:14)라고 외쳤다. 그리스도의 따뜻한 사랑에 감사하여 그는 어떤 사도보다도 더 많이 수고하는 사도가 되었다. 그리스도로부터 받은 사랑이 헛되지 않기 위해서였다. 그가 한 수고는 영혼들을 위한 수고였다. 그의 마음은 영혼을 향한 사랑

길들여진 야수

으로 충만해 있었다. 남을 정죄하고 판단하는 칼이 가득했던 그의 마음은 예수님의 사랑으로 말미암아 넓은 마음이 되었다. 자기 자신이 가득하던 공간에 하나님과 다른 영혼들에 대한 생각으로 가득하게 되었다. 그 공간은 다른 사람들을 위해 만들어진 숭고한 공간이었다. 라이너 마리아 릴케가 말한 사랑의 공간이 그에게 가득했다. "사랑이란 자기 내부의 그 어떤 세계를 다른 사람을 위해 만들어 가는 숭고한 계기입니다. 그리고 자기 자신을 보다 넓은 세계로 이끄는 용기입니다."(라이너 마리아 릴케)

하나님의 사랑에 감격한 영혼은 다른 이들을 향한 넓은 마음을 갖게 된다. 그 마음은 부드럽고 따뜻한 마음이다. 온유한 마음이다. 사도 바울은 생애 마지막에 쓴 서신서의 마지막에서 자신의 온유에서의 진보를 나타낸다. 마가를 데려오라는 말에서 그의 온유함의 성숙한 열매를 엿볼 수 있다. 선교초창기에 자신의 멘토인 바나바와 심히 다툰 적이 있었다. 선교도중 집으로 돌아간 마가를 다시 선교여행에 동참시키자는 바나바의 제안 때문에 다툰 것이다. 마가는 헌신되지 않았으므로 선교여행에 동참시킬 수 없다고 주장했다. 그 결과 바나바와 결별하는 일이 있었다. 그가 훗날 일생을 뒤돌아보면서 가장 가슴 아픈 일로 기억되지 않았나 생각된다. 바울은 이제 마가를 용납하고 받을 마음이 생긴 것이다. 마음이 넓어진 것이다. 보다 따뜻해진 것이다. 예수님을 배신했던 베드로를 받으신 예수님을 기억했을 수 있다. 바울의 만년에 보여 준 것은 따뜻하고 부드러운 모습이었다. 바울의 온유는 하나님의 풍성한 사랑에 의한 것이었다. 일평생 예수님의 사랑에 감격해 살다 그 거칠고 포악스럽던 바울이 잘 길들여진 야생마와 같은 모습을 했다. 우리의 마음이 좁아질 때 하나님의 사랑을 기억하자. 하나님의 사랑으로 우리 안에 있는 야성적 충동을 제어하자.

길들여진 야수

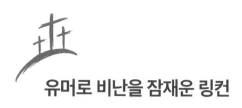

유머로 비난을 잠재운 링컨

유머는 온유한 자의 특징이다. 온유한 자는 마음이 여유롭다. 유머는 여유 있는 마음에서 나온다. 긴장과 억압 속에서는 유머가 나오지 않는다. 자신감과 확신 그리고 기쁨이 있을 때 유머가 나온다. 유머는 내면의 웃음에서 나온다. 내면의 웃음이 말로 표현될 때 유머가 되고 그 유머가 다시 웃음을 만들어낸다. 노만 커즌스는 "생명은 본래 긍정과 웃음으로 가득한 존재"[23]라는 사상을 역설했다. 생명이 없는 사람은 웃지 않는다. 마귀의 특징도 웃지 않는 것이다. 생명이 충만한 사람은 웃음이 저절로 나온다.

웃음이 비웃음을 제압한다. 유머가 비난과 조롱을 이길 수 있다. 아브라함 링컨은 유머로 조롱과 비난을 잠재운 사람이다. 링컨은 역대 미국 대통령 가운데 가장 유머를 잘 하는 대통령으로 뽑힌다. 그는 인생의 수많은 실패를 통해 인간의 본질을 정확히 파악하고 있었다. 그

---

23) 노만 커즌스, 웃음치유력, Smart Business, 2007, p5

의 하나님을 철저히 신뢰하는 믿음이 그에게 안정감과 여유 그리고 긍정적인 마음을 제공했다. 그는 상황에 맞는 적절한 유머로서 자신을 비방하는 사람들을 잠재웠다. 부드러움으로 강함을 이긴 것이다. 그의 유머는 상황을 반전시키는 핵심 요소였다.

유머는 독기에 찬 공격에 대해 공격하지 않으면서 제압하는 온유의 무기이다. 링컨이 상원의원 선거에 입후보하여 더글러스 후보와 경선할 때의 일이다. "유세하는 날 더글러스 후보는 링컨의 과거 경력을 문제 삼아 그를 비방하기 시작했다. 그는 말했다. '링컨은 말만 그럴 듯하게 하는 두 얼굴을 가진 이중인격자입니다.' 링컨은 당황하지 않고 차분한 음성으로 응수했다. '더글러스 후보가 저를 두고 두 얼굴을 가진 사나이로 몰아세우고 있습니다. 좋습니다! 그의 말이 사실이라면 여러분께서 잘 생각해 보시기 바랍니다. 만일 제가 두 얼굴을 가진 사나이라면 오늘같이 중요한 날, 왜 제가 이렇게 못생긴 얼굴을 가지고 나왔겠습니까?' 사람들은 모두 손뼉을 치며 배꼽을 잡고 웃었다. 이처럼 링컨은 더글러스 후보의 공격에 당황하거나 감정적으로 대응하지 않고 유머 섞인 재치 있는 답변으로 청중들을 압도하였다."[24] 상대의 공격을 웃음을 통해 공격하거나 비방하지 않고 이겨 낸 것이다.

유머는 배려와 진실을 담는다. 유머는 웃음 속에 진실을 담는다. 유머를 하는 사람은 공격을 공격으로 돌리지 않는다. 그러나 상대방을

---

24) 전광, 백악관을 기도실로 만든 대통령 링컨, 생명의 말씀사, 2004, p81

배려하는 가운데 진실을 알린다. 링컨은 자신의 정적을 공격하지 않았다. 부끄럽게 하지 않았다. 그는 상대를 배려하면서 말했다. 그러나 잘못된 사실에 대해 진실로서 대응했다. 논리만 가지고는 할 수 없는 대화술이다. 유머는 따뜻한 마음과 진실된 마음속에서 나오는 의사소통법이다.

유머는 지도자의 주요자질이다. 인도 선교사 A.E. 노리쉬는 유머와 지도력과의 관계를 다음과 같이 말했다.

> "나는 유머가 없는 지도자를 만나 본 적이 없다! 이 능력은 자기 자신의 주위 환경을 견고하게 하고 전망과 웃음으로 사물을 보게 한다. 그것은 커다란 안전판이다. 당신은 주님의 기쁨과 거기에 동시에 생기는 유머가 없이는 더욱 다른 사람들을 지도할 수 없을 것이다."[25]

유머는 하나님의 은혜의 선물이다. 오스왈드 샌더스는 "인간의 유머의 감정이란 하나님의 선물이요 신성한 속성에서 그 본질을 찾는다."라고 했다. 그러므로 유머도 하나님께 구할 때 주어진다. 하나님을 찾는 자에게 모든 좋은 것에 부족함이 없게 하시기 때문이다. 유머는 또한 연마를 통해 발전되고 개발된다. 링컨은 삶 속에서의 실패와 고난

---

25) A. E Norrish, Christian Leadership, Masihi Sabiyata Sanstha: New Delhi, 1963, p28

을 통해 사물과 인생 속에 숨어져 있는 웃음과 긍정의 본질을 발견한 것이다. 그리고 그는 그것을 적극적으로 활용했다. 유머도 은사다. 쓰면 쓸수록 발전하게 된다. 유머가 우리를 지나치게 심각하고 진지함에서 건져준다. 온유의 열매로 우리 마음에 여유를 만들게 하자. 그 여유로 말미암아 유머가 있게 하자. 정적의 공격을 유머로 대처한 링컨에게서 유머의 온유를 배우도록 하자.

길들여진 야수

인내를 통해 온유를 배운 찰스 시므온

기다리는 자에게 복이 있다. 기다리는 자에게 은혜와 긍휼이 부어진다. 하나님은 공의의 하나님이시다. 우리의 당하는 핍박이나 고난을 보고 계신다. 우리의 반응도 보고 계신다. 하나님께서 기뻐하시는 것은 하나님의 때를 기다리는 것이다. 하나님의 약속이 이루어지는 것을 바라보는 것이다. 믿음을 보기를 원하신다. "그러나 여호와께서 기다리시나니 이는 너희에게 은혜를 베풀려 하심이요 일어나시리니 이는 너희를 긍휼히 여기려 하심이라 대저 여호와는 공의의 하나님이심이라 무릇 그를 기다리는 자는 복이 있도다"(사30:18)

하나님의 사람들은 누구나 기다림을 통해 은혜를 경험했다. 아브라함은 25년을 기다렸다. 요셉은 13년을 기다렸다. 모세는 40년을 기다렸다. 다윗도 13년을 기다렸다. 바벨론에 포로로 간 이스라엘 사람들은 70년을 기다렸다. 안나 선지자는 과부된 후 84년을 기다리며 기도한 후에 아기 예수를 보았다. (눅2:36,37)

찰스 시므온도 기다림을 통해 은혜를 누린 사람이다. 그는 부당하게 당하는 고통을 참고 견딤을 통해 향기로 바꾼 하나님의 사람이다. 인내를 통해 하나님의 영광을 드러내었다. 그는 1782년부터 1836년까지 영국 국교회 소속으로 캠브리지에 있는 트리니티교회에서 사역하였다. 그는 담임목회자로 임명된 후 그가 복음주의자라는 이유로 인해 심한 박해를 받았다. 교인들은 그에게 설교를 하지 못하게 했다. 교회 의자에 잠금 장치를 하여 방해했다. 시므온은 포기하지 않았다. 참고 인내했다. 12년간 의자 사이의 통로에 있는 몇 몇 성도들을 향해 꿋꿋하게 복음을 전했다. 당시 그의 마음을 사로잡았던 말씀은 "마땅히 주의 종은 다투지 아니하고"라는 말씀이었다.(딤후2:24) 그리고 그는 그 적은 교인들에게 갑절의 축복이 부어질 것을 생각했다. "만일 하나님께서 꾸준히 교회에 출석하는 얼마 안 되는 교인들에게 갑절의 복을 내리신다면, 교인들의 수가 갑절이 되더라도 축복은 절반으로 제한되는 것보다 훨씬 더 나은 일이라는 생각이 들었다. 이러한 생각은 내게 여러 번 위안이 되었다. 그런 묵상이 없었다면 난 아마도 고통의 짐에 짓눌려 버렸을 것이다."[26]

12년간의 고통을 참고 견딘 후 찰스 시므온은 전 세계를 움직이는 능력 있는 설교자가 되었다. 하나님을 기다리는 자에게 복이 있다고 하신 말씀이 그에게 임했던 것이다. 온유한 자가 땅을 차지한다는 약속이 그에게 성취되었다. 부당하게 화살을 쏘아대는 반대자들에게 맞서

---

26) 존 파이퍼, 믿음으로 사는 즐거움, 좋은 씨앗: 서울, 2008, p99

길들여진 야수

서 화살을 돌려대며 싸웠다면 찰스 시므온이 품었던 아름다운 향기는 누구도 맡을 수 없었을 것이다. 온유한 자는 참는 자이다. 참음은 하나님의 은혜의 선물이다. 그리고 하나님의 능력에 속한 것이다.

인내가 온전한 성품을 만들어 낸다. "인내를 온전히 이루라 이는 너희로 온전하고 구비하여 조금도 부족함이 없게 하려 함이라"(약1:4) 온전한 성품은 하루아침에 형성되는 것이 아니다. 식물은 인내의 과정을 통해 자라고 꽃을 피우고 열매를 맺는다. 농부의 할 일 중 중요한 것은 인내하는 것이다. "무화과 열매가 하루아침에 열리지 않듯이, 위대한 것은 한순간에 창조되지 않는다. 무화과 열매를 원한다면 먼저 꽃이 피기를 기다려라. 그리고 열매를 맺고 충분히 익을 때가지 기다려야 한다."(에픽테투스) 찰스 시므온이 부당한 핍박을 받았지만 하나님 안에서는 충분한 이유가 있었다. 그가 온전해지고 풍성히 열매를 맺기 위해서는 인내를 배워야 했다. 결코 헛되지 않은 멸시와 핍박이었다.

말씀에 대한 신뢰가 인내를 만들어 낸다. 시므온은 말씀을 붙들고 인내할 수 있었다. 다투지 않을 수 있었다. 온유함을 유지할 수 있었다. 말씀에 대한 신뢰는 하나님에 대한 신뢰이다. 하나님의 성실성에 대한 신뢰이다. 약속에 대한 신뢰이다. 하나님께서 약속하신 것을 반드시 이루실 것을 믿는 사람은 인내하며 온유하게 반응할 수 있다. 말씀을 바라보는 것은 곧 예수님을 바라보는 것이다. 예수를 바라보므로 온전히 인내하자. 인내를 통해 온유를 배우자. "믿음의 주요 또 온전케 하시는 이인 예수를 바라보자 저는 그 앞에 있는 즐거움을 위하여 십자가를 참으사 부끄러움을 개의치 아니하시더니 하나님 보좌 우편에 앉으셨느니라"(히12:2)

길들여진 야수

주권을 믿음으로 온유를 배운 벤자민 위필드

벤자민 위필드는 세계적으로 유명한 신학자이다. 프린스톤 신학교에서 34년간 학생들을 가르쳤고 훌륭한 저술을 하였다. 그가 신혼여행에서 불구가 된 아내를 39년 동안 극진히 간호했다는 사실을 아는 사람은 드물다.[27] 그는 아내가 살아 있는 동안 두 시간 이상 집을 비울 수가 없었다. 이같이 제한된 환경 속에서도 교수생활을 계속했다. 위필드는 로마서 8장 28절에 대한 글을 쓰며 자신의 생각을 아래와 같이 실어 놓았다.

"여기에서 근본을 이루는 개념은 하나님의 우주적인 통치다. 당신에게 다가오는 모든 일들은 하나님의 다스리시는 손길 아래에 있다. 하나님께서 자기를 사랑하는 자들에게 베푸시는 호의는 부차적인 개념에 속한다. 그분이 모든 것을 다스

---

27) 존 파이퍼, 믿음으로 사는 즐거움, 좋은 씨앗, 2008, p91

리신다며, 하나님께서 호의를 베푸시려는 자들에게 생겨나는 모든 일들은 오로지 선하고 좋은 것일 수밖에 없다. …우리는 자기 자신조차도 돕지 못할 정도로 나약하므로 우리에게 필요한 것도 제대로 간구하지 못하며, 뭐라 말할 수 없는 열망 속에서 신음할 따름이다. 하나님은 우리 안에 그와 같은 모든 열망들을 일으키셨다. …또한 그분은 모든 것을 통치하시므로 우리는 각자에게 일어나는 모든 일로부터 오로지 선한 것만을 수확할 것이다."[28]

신혼여행에서 불의하게 번개를 맞고 불구가 된 아내 그리고 잠시도 마음 놓고 멀리 갈 수 없는 자신의 처지를 생각해 보자. 스물다섯 살의 아름다운 아내가 불구가 되어 있는 모습을 보는 남편의 심정은 어떠했겠는가? 백방의 노력에도 불구하고 회복되지 않는 아내의 건강을 보며 얼마나 좌절했겠는가? 성실한 신앙인으로서 얼마나 이해하기 어려운 상황이었겠는가? 다른 부부들과 비교할 때 상대적 불행감에 얼마나 빠지기 쉬웠겠는가? 이혼하고 조용히 책임을 면하고 싶은 생각은 없었겠는가? 이해되지 않는 수많은 문제들에 대해 주님을 향해 "왜 나에게 이런 일이 있을 수 있습니까?" 하고 하나님께 반문하지 않았겠는가?

위필드가 찾아낸 답은 하나님의 섭리였다. 하나님의 선한 통치였다.

---

28) B. B. Warfield, *Faith and Life*, The Banner of Truth Trust: Edinburgh, 1974, p204

길들여진 야수

모든 것이 하나님의 다스림 속에 있다는 것을 믿는 것과 그것이 궁극적인 선을 가져온다는 믿음이었다. 그는 이 믿음을 가지고 하나님을 찾았고 그 안에서 평강을 누렸다. 그 안에서 자신을 제어하고 다스릴 수 있었다. 자신 안에 있는 수많은 거친 내면이 다루어졌다. 인간적으로 해결할 수 있는 길이 전혀 없는 상황에서 오로지 하나님만을 찾을 수밖에 없었다. 주님과의 대화만이 그에게 위로가 되었다. 성경 안에서 삶의 해결책을 찾게 되었다. 그 안에서 행복을 찾은 것이다. 하나님의 위로를 발견했다.

그는 성경 속에서 자신의 삶의 목적을 발견하고 사명을 발견했다. 그의 기구한 운명이 그의 사명의 길을 막지 못했다. 19세기말에서 20세기 초는 자유주의 신학의 물결이 기독교를 심하게 공격하던 때였다. 계몽주의 사상이 기독교에 침투해 성경을 인본주의 입장에서 해석하려는 풍조가 만연했다. 하나님의 주권보다는 인간의 결정이 보다 중요시되는 시기였다. 그때 위필드는 자유주의 공격으로부터 기독교를 지키는 보루의 역할을 했다. 그는 성경을 인간적으로 해석하려는 자유주의자들을 용납하지 않았다. 그는 《성경의 권위와 영감》이라는 책을 지어 성경의 권위를 지키고자 노력했다. 수많은 보수적인 신학자들과 설교가들이 위필들의 구원론과 신학관에 영향을 받았다. 신학논쟁이 생길 때 보수주의자들은 항상 위필드의 신학적 입장을 들어 자신들의 입장을 주장했다.

위필드는 환경이 결코 우리를 넘어뜨릴 수 없다는 것을 분명하게 보여 주었다. 어려운 환경이 그를 온유하게 만들었다. 하나님 나라를 경험할 수 있었다. 그는 땅을 차지했다. 그의 사역의 영역에서 그의 영향력이 전 세계에 미치게 되었다. 하나님께서 항상 선을 이루신다는 믿음은 위필드로 하여금 하나님의 통치의 손길을 보게 했으며 그것이 자신을 제어하는 원동력이 되었다. 우리의 불가항력적인 환경이나 실패를 겸허하게 받아들이고 하나님의 섭리를 믿으며 하나님의 궁극적인 선을 믿을 때 우리는 분노를 멈추고 좌절에서 벗어날 수 있다. 우리의 인생을 다스리시는 하나님을 손길을 볼 수 있다. 그 안에서 행복을 누리게 된다.

길들여진 야수

권력 대신 섬김으로 지도력을 발휘한
조지 마셜의 온유

조질 마셜은 제2차 세계대전 후 국무장관으로서 "마셜 플랜"이라는 유럽부흥계획으로 이름이 알려진 사람이다. 그는 늘 이타적인 삶을 일관하여 당시 미국뿐 아니라 전 세계 지도자들의 본이 되었다. 그는 권력을 가지고 있었지만 그것을 자신을 위해 사용하지 않고 타인을 위해 사용할 줄 아는 사람이었다. 권력 대신 섬김으로 지도력을 발휘했다.

육군 참모총장과 국무장관을 역임한 마셜은 1950년 다시 국방장관에 임명되었다. 당시 국무장관에는 한때 조지 마셜의 부하였던 에치슨이 임명되었다.[29] 관례상 국무장관이 국방장관보다 서열이 위였기 때문에 에치슨은 몸 둘 바를 몰라했다. 그동안 에치슨은 조지 마셜에게서 조언을 받아 왔었기 때문에 더욱 그랬다. 그러나 마셜은 철저히 에치슨을 예우하며 존중했다. 예를 들면 방에 들어갈 때 마셜은 에치슨 장관의 뒤를 따랐다. 또한 그는 탁자에 앉을 때에도 애치슨 장관의 오

---

29) 잭 올드릭, 조지 마셜 리더십, 비즈니스맵, 2007, p115

른쪽에 앉았으며 사진을 찍는 경우에는 중앙에 있는 에치슨 장관으로부터 약간 벗어나 뒤에 섰다. 그는 항상 자신의 권위를 낮추려고 노력했다.

과거의 경력이나 멘토로서의 위치를 생각할 때 마셜은 에치슨 장관에게 어떤 힘을 과시할 수 있었다. 그러나 마셜은 그 힘을 사용하지 않았다. 다만 그는 섬김을 통해 권위를 드러냈다. 자신의 힘을 절제할 줄 아는 능력이 있었다. 자신을 잘 다스렸던 것이다. 마셜은 늘 무대 뒤에 선 영웅이었다. 그는 항상 무대 뒤에 선 영웅이 되기를 기꺼워했다.[30]

온유한 자만이 무대 뒤에선 영웅이 될 수 있다. 온유한 자만이 2인자 되기를 기꺼워할 수 있다. 대부분의 사람들은 주연이 되고 싶어 한다. 화려한 조명과 청중의 박수받는 것을 꿈꾼다. 그러나 모든 사람이 주연이 될 수는 없다. 어떤 사람은 조연을 해야 한다. 사람의 본성적 욕구를 생각할 때 무대 뒤에서 조연을 기꺼이 감당하기란 어려운 일이다. 조연을 즐거이 감당할 줄 아는 사람은 소수일 수밖에 없다. 자신을 감추고 다른 사람을 드러내야 하는 일은 성숙한 사람만이 할 수 있다. 훌륭한 주연보다 훌륭한 조연을 찾기에 더 어려울 수 있다.

어느 날 세계적인 지휘자 레너드 번스타인에게 그를 좋아하는 한 팬이 질문을 했다. "번스타인 선생님, 수많은 악기 중에서 가장 다루기 힘든 악기는 무엇입니까?" 그때 그는 다음과 같이 대답했다.

---

30) 강준민, 무대 뒤에 선 영웅, 두란노, 2005, p12

"제2바이올린입니다. 제1바이올린을 훌륭하게 연주하는 사람은 얼마든지 구할 수 있습니다. 그러나 제1바이올린을 연주하는 사람과 똑같은 열의를 가지고 제2바이올린을 연주하는 사람은 참으로 구하기 어렵습니다. 프랜치 호른이나 플루트의 경우도 마찬가지입니다. 제1연주자는 많이 있지만 그와 함께 아름다운 화음을 이루어 줄 제2연주자는 너무나 적습니다. 만약 아무도 제2연주자가 되기를 원치 않는다면 음악 일 안 영원히 불가능하지 않겠어요?"[31]

2인자는 조화를 만드는 데 없어서는 안 될 존재이다. 조직 속에서 화음을 내기 위해서는 2인자의 역할이 절대적으로 크다. 조직의 기초가 흔들리지 않게 잡아주는 역할을 한다. 조지 마셜은 2인자로서 전시에 아름다운 화음과 조화를 만들어낸 인물이다. 미국의 근간이 흔들리지 않도록 붙잡아준 인물이었다. 1943년 타임지가 그를 '올해의 인물'로 선정했다. 타임지는 마셜이 수백 장의 대국민 보고서에서 "I"라는 단어를 한 번도 사용하지 않은 것을 가장 극찬했다.[32]

예수님이 영원한 제2연주자가 되신다. 하나님과 동일한 1인자의 능력과 자질을 갖추신 분이다. 자기를 비워 종의 모양을 가져 스스로 2인자 되기를 선택하셨다. 하나님 나라의 뜻을 이루기 위해서였다. 예수

31) 김성찬, 그리스도의 편지, 규장, 1991, p171
32) 잭 올드린, 2007, p117

님께서 십자가에 죽으신 것도 하나님 나라의 대의를 이루기 위해서였다. 그는 하나님 나라 안에서 훌륭한 화평자요 중재자이셨다. 하나님은 그를 지극히 높여 모든 이름 위에 뛰어나게 하셨다. 하나님은 2인자 되기를 기꺼워하는 온유하고 겸손한 사람들을 높이신다.

길들여진 야수

기쁨의 비밀을 안 허드슨 테일러의 온유

하나님은 온유한 사람을 사용하신다. 온유한 사람은 잘 배운다. 특히 성령님으로부터 잘 배운다. 성령님의 뜻을 잘 깨닫고 깨달은 바를 삶에 실천한다. 자신을 바꿀 줄 안다. 진리를 따라 순종할 줄 안다. 온유한 사람은 하나님 앞에 귀히 쓰임 받고 또 오래 쓰임 받는다. 허드슨 테일러는 지난 세기 하나님의 사람 중에 온유함이 크게 드러났던 사람 중의 한 사람이다. 허드는 테일러는 19세기 초 중국 내지 선교의 문을 열었다. 수많은 열매를 거둬 드리고 하나님께 영광을 드렸다. 나는 허드슨 테일러의 생애와 사역으로부터 큰 영향과 도전을 받았다. 그의 전기를 읽고 중국 선교를 결심했고 결혼 후 5년간 중국에서 선교한 적이 있다. 그가 거둬들인 선교의 열매보다는 그의 내적 성품의 열매에 더욱 감동을 받았다.

허드슨 테일러는 복음을 위해 자신의 모양을 바꿀 줄 알았다. 중국의 문화에 잘 적응한 것이다. 테일러는 중국인들과 그들의 문화를 존중했다. 당시 서양 선교사들은 선교지에서 문화적 우월주의가 만연했다. 그 결과 식민정책에 편승하는 선교를 하기도 했다. 또한 선교사들 대다수가 계몽주의 영향을 받았다. 그들은 현지 사람들과 문화를 존중하기 보다는 어떻게든 계몽하여 서양화해야 한다고 생각했다. 20세기 초 중국에서 선교하던 대다수의 선교사들이 중국 문화에 적응하여 복음을 전해야 한다고 생각지 않았다. 그들은 주요 대도시에 서로 모여 살았고 내지로 과감히 들어가지 못했다. 이때 허드슨 테일러는 과감히 중국 내지로 들어가 복음을 전하기를 시도했다. 그가 내지로 들어가면서 중국 사람들과 같이 머리를 땋아서 변발을 하고 중국인의 복장을 했다.[33] 복음을 위해 자신의 모양을 바꾼 것이다. 중국인들이 자신의 문화를 존중하는 허드슨 테일러를 보며 마음이 열렸고 그가 전하는 복음을 열심히 듣고 주님께 돌아왔다. 온유한 자는 모양을 바꿀 줄 안다. 상대방을 존중하며 상대방의 문화를 존중한다.

허드슨 테일러는 성령께 맡김을 통해 자신의 내면을 조절하는 비결을 알았다. 그는 서른 여덟 살 중년의 나이에 내적인 평안이 없어 매우 괴로워했다. 선교회 대표로서의 직무를 수행하고 있었지만 그는 자신과의 싸움에서 날마다 패하는 자신을 발견했다. 그는 사기가 떨어졌고 좌절했다.[34] 그는 기도하고, 고민하고, 금식하고, 노력했다. 그러나 아무 효과가 없었다. 스스로를 제어할 수가 없었다. 쉽게 짜증이 났다. 그러던 중 그는 멕카시의 편지를 통해 극적인 깨달음을 얻었다. 그 안에

---

33) 로저 스티어, 허드슨 테일러 (상), 두란노, 1990, p123
34) 로저 스티어, 허드슨 테일러 (하), 두란노, 1990, p71

길들여진 야수

서 멕카시는《모든 것 되시는 그리스도》라는 책을 읽고 감동이 된 부분을 적어 보냈다. 그것은 다음과 같았다.

"주 예수님을 영접하는 것은 거룩함의 시작이고 주 예수님을 귀히 여기는 것은 거룩함의 성장이며 주 예수님을 늘 곁에 계신 분으로 의뢰하는 것은 거룩함의 완성이다. 이것(믿음의 은혜)이 우리의 영혼을 그리스도와 연합시켜 주는 고리이며, 죄인과 구주를 하나 되게 하는 것이다."[35]

이 편지를 읽고 허드슨 테일러는 "그 편지를 읽으면서 나는 모든 것을 알게 되었다. 우리는 믿음이 없어도 그분은 일향 미쁘시다"고 회고했다. 그 안에 기쁨이 흘러들어왔다. 이후부터는 자신의 문제 때문에 괴로워하지 않았다. 그리스도와의 연합의 비밀을 배운 것이다. 그리스도와의 연합을 위해 다른 어떤 노력보다도 그리스도와 이미 연합된 사실을 믿음으로 받아들임으로 그리스도의 능력과 기쁨을 충분히 경험하며 살 수 있게 된 것이다. 그의 삶은 변했다. 그는 이후 성령의 통치속에서 살게 되었다. 기쁨과 평강의 삶이 지속되었고 그의 사역은 번성하였다. 그는 진정한 온유의 비밀을 깨달은 것이다. 약속을 따라 풍부한 화평을 누리며 땅을 차지하는 결과를 경험했다.

---

35) Ibid 74

온유한 자는 자신을 변화시키는 능력을 갖는다. 그는 겉을 바꿀 줄 알고 또한 속을 바꿀 줄 안다. 잘 적응할 줄 안다. 성령의 통치를 받으며 살 줄 안다. 이 모든 것을 자신의 노력으로 하지 않고 그리스도를 의지함으로 한다. 그리스도와의 온전한 연합을 믿으므로 가능하다. 허드슨 테일러는 우리에게 온유의 비밀을 가르쳐 준다. 그가 누린 넘치는 기쁨과 평강이 우리의 것이 될 수 있음을 오늘도 말해 준다.

길들여진 야수

3부
—

하나님 나라를
기업으로 받는 복

땅을 기업으로 얻는 복

성품은 복을 담는 그릇이다. 성품이 운명을 결정한다. 헤라클레이투스는 "인간의 운명은 곧 그 자신의 성품에 따라 결정된다."고 말했다. 하나님의 복도 성품 속에 부어진다. 예수님께서 제자들에게 하신 설교 중에 가장 앞 권은 산상수훈이다. 산상수훈은 하나님 나라의 복을 설명한다. 그러나 하나님 나라의 복은 모두 성품과 관계 된다. 산상수훈 속에서 심령의 가난함, 청결함, 온유함, 애통함, 긍휼, 의로움 그리고 화평케하는 능력 등이 행복을 결정하는 요소들이다. 땅을 차지하는 복을 가져오는 성품이 있는데 그것은 온유함이다. 온유한 자에 대한 약속은 신약과 구약 모두 동일하다. (시37:11, 마5:5) 자신의 뜻을 포기하고 성령의 뜻을 따를 줄 아는 자에게 땅을 다스리는 복이 주어진다. 이것은 세상 사람들의 생각과는 전혀 다른 가르침이다. 세상은 강한 자가 땅을 차지한다고 가르치기 때문이다. 성품보다는 능력을 가진 사람이 세상을 정복한다고 가르치기 때문이다. 그렇다면 도대체 성경에서 온유한 자에게 약속한 땅을 기업으로 얻는다는 것은 어떤 의미일까?

땅은 먼저 하나님의 통치 영역을 의미한다. 영적인 의미의 가나안 땅을 의미한다. 천국을 경험하며 사는 것을 말한다. 우리 내면에 임하는 하나님의 나라를 의미한다. 우리 안에 있는 삶의 영역들을 하나님께 드리면 하나님께서 그 영역들을 다스려 주신다. 하나님의 통치가 일어날 때 성령 안에서 의와 희락과 화평이 나타난다.(롬14:17) 이것이 하나님 나라에서 누리는 행복이다. 이 땅에서 경험하는 천국을 의미한다. 온유한 자는 날마다 천국을 경험하며 살 수 있다. 이보다 더 큰 행복은 없다. 매튜 핸리는 그의 주석에서 땅은 하늘의 축복을 포함한다고 말한다. 아더 핑크도 "이 말씀은 영적인 의미이다. …마음으로 만족하는 것은 온유함의 열매 중의 하나이다."[36]라고 말한다.

땅을 기업으로 얻는다는 또 다른 영적 의미는 사람을 얻는 것이다. 신약에서 "기업"의 한 형태가 바로 사람인 것이다. 성경 전체의 맥락에서 볼 때 하나님께서 자기 백성에게 주시고자 하는 상급은 사람이다. 우리를 통해 구원받는 영혼을 의미한다. 우리를 통해 그리스도의 제자가 나는 것을 의미한다. 천국에서 가장 가치 있게 여기는 것이 사람이다. 사람의 거듭남이며 사람의 거룩해지는 것이다. 사람을 얻는 것은 곧 사역을 의미한다. 교회의 성장을 의미한다. 선교의 확장을 의미한다. 온유한 자가 사람을 얻는 것이다. 사람을 얻는 것이 또한 하늘나라의 상급을 의미한다. "우리의 소망이나 기쁨이나 자랑의 면류관이 무

---

36) 아더 핑크, 산상수훈 강해, 크리스찬 다이제스트, 2010, p30

엇이냐 그의 강림하실 때 우리 주 예수 앞에 너희가 아니냐 너희는 우리의 영광이요 기쁨이니라"(살전 2:19,20)

땅을 기업으로 받는다는 것은 하나님의 통치가 임한 세상에서의 삶의 영역을 의미한다. 우리의 일상의 영역과 사역의 영역이 하나님의 다스림 속에서 이루어질 때 땅을 기업으로 받는다고 말할 수 있다. 그 땅은 실제적인 땅이며 생활의 터전으로서의 땅이다. 매튜 핸리는 다음과 같이 말한다. "온유함은 이 세상에서의 건강, 부, 위로와 안전을 증진시키는 참된 경향을 갖는다. 온유하고 조용한 사람은 공격적이고 거친 사람과 비교될 때 더 편안한 삶을 사는 것이 관찰된다." 그러나 하늘의 복과 땅의 복이 하나님의 통치 아래에서 주어진다는 점에서 선교지향점을 갖는다고 할 수 있다. 이것이 세상에서의 물질의 복과 하나님 나라에서의 물질의 복과의 차이이다.

세상에서 사람들은 부드러운 사람은 세상에서 살아남기 힘들다고 터부시한다. 그러나 진정으로 능력 있는 사람들은 온유함에서 나온다. 그 안에는 하나님 나라가 임해서 기쁨과 화평으로 가득하다. 그리고 그 충만함이 흘러 넘쳐서 사람과 사역을 선물로 얻는다. 온유함 속에 담긴 축복의 비밀을 알고 그것을 온전히 누리는 삶을 살자.

길들여진 야수

풍부한 평강

요즘 시대에는 우울증이라는 말이 매우 보편화되어 있다. 놀라운 것은 대다수의 현대인이 우울증을 감기처럼 앓고 있다는 사실이다. 겉으로는 웃는 것처럼 보이지만 그 이면에는 심한 불안감으로 고통스러워하고 있다. 우울증이란 마음의 병을 의미한다. 정서적 불안증을 말한다. 심리적 신체적인 불균형을 일으킨다. 우울증이 있는 사람은 삶에 대한 자신감과 확신이 결여된다. 열등의식에 사로잡힐 때가 많다. 자신을 비하한다. 우울증이 있는 사람은 결국 자기 자신과의 관계가 좋지 않다. 따라서 다른 사람들과 관계를 잘 맺어갈 줄 모른다. 결국 우울증이 있는 사람은 자신과 평화하지 못하고 다른 사람들과 평화하지 못한 삶을 살게 된다. 어떠한 관계에 있어서도 평안이 빠져 있다. 삶에 있어 평안의 근원은 무엇일까?

평안의 근원은 하나님이시다. 이스라엘 사람들은 인사할 때 "샬롬" 하고 말한다. 샬롬이 히브리어로 평안이라는 의미이다. "하나님께서 당신에게 평강을 허락하시기를 구합니다." 하는 의미의 인사이다. 샬롬 안에 하나님께서 주시는 모든 복이 다 들어 있다. 마음의 평안, 온전한 인격, 부와 귀, 건강 등의 영적 육적 축복이 담겨 있다. 자신과의 관계를 포함하여 모든 인간관계의 원천은 하나님과의 관계이다. 하나님과 올바른 관계를 맺을 때 평안이 주어진다. 평안이란 의에서 온다. 의란 하나님과의 올바른 관계를 의미한다. 따라서 하나님과 올바른 관계 속에서 경험하는 감정이 바로 평안인 것이다. 하나님과의 평화한 관계는 나 자신과의 평화한 관계를 만들고 또한 다른 사람들과의 평화한 관계를 만든다.

평강은 영적 생명의 증거이다. 영적 생명은 하나님과의 관계로부터 온다. 하나님과의 올바른 관계로부터 온다. 하나님과 올바른 관계란 의의 관계를 말한다. 하나님의 다스리심을 말한다. 의가 실현될 때 평강이 온다. 이사야 선지자는 의가 일어난 결과가 평안이라고 말한다. 즉 말씀이 이루어진 결과가 바로 화평이라는 뜻이다. "의의 공효는 화평이요, 의의 결과는 영원한 평안과 안전이라"(사32:17)

의의 결과란 우리가 하나님 말씀에 순종한 결과를 의미한다. 인간은 하나님의 말씀에 순종할 때 비로소 심령의 평안을 경험한다. 하나님을 떠나 있을 때 평강이 없다고 말한다. 이사야 선지자는 "내 하나님의 말씀에 악인에게는 평강이 없다 하셨느니라"(사57:21)라고 말했다. 또한 하나님의 뜻을 좇는 자에게 "평강을 강같이"(사66:12) 주시겠다고 약속하셨다. 예수님께서도 부활하신 후에 두려워하고 있는 제자들에게 찾아오셔서 하신 첫 말씀이 바로 "너희에게 평강이 있을지어다"(요20:19)였다. 부활하신 예수님께서 제자들에게 주신 첫 선물이 바로 평강이었다.

말씀의 역사란 곧 성령의 역사이다. 성령께서 말씀을 사용하여 우리 심령을 변화시킨다. 그때 우리 심령은 온유한 심령이 된다. 우리 안에 있는 야수와 같은 본성이 다스려져서 부드럽고 따뜻한 마음이 된다. 온유한 심령은 하나님의 의가 통치되는 심령이다. 하나님과의 관계가 올바른 심령이다. 이러한 심령에 평강이 흘러들어온다. 특별히 온유한 심령에는 평강이 강같이 흐른다. 풍부한 화평이 생긴다. "온유한 자는 땅을 차지하며 풍부한 화평으로 즐기리로다"(시37:11)

온유한 심령에 부어지는 선물이 바로 풍부한 평강인 것이다. 온유한 심령은 의인의 심령이다. 의인의 심령은 의의 길 즉 정로로 행하게 된다. 그때 평강이 주어진다. "그(의인)는 평안에 들어갔나니 무릇 정로로 행하는 자는 자기들의 침상에서 편히 쉬느니라"(사57:2) 의의 길을 계속 갈 때 우리 심령은 점점 예수 그리스도를 닮아 온유한 심령이 된다. 점점 평강이 차오르게 된다. 풍부한 평강을 즐기게 된다.

때로는 갑작스럽게 찾아오는 풍부한 평강이 있다. 이것을 흔히 성령 세례라고 한다. 이는 사모하는 사람에게, 간절히 구하는 사람에게, 그리고 진리의 편에 분명하게 서는 사람에게 주어지는 선물이다. 자신을 의지하지 않고 성령을 의지하는 온유한 심령에 부어지는 갑작스런 은혜이다. D.L.무디는 이 성령의 세례를 경험했다.[37] 시카고에 살았던

---

37) A.W.토저, 보혜사, 규장, 2006, p81

쿡 부인은 성령충만의 복된 삶이 무엇인지 알았다. 그녀는 무디의 회심과 주를 향한 열심을 기뻐했다. 쿡 부인은 어느 날 무디를 초청했다. 무디에게 성령의 기름 부음을 받아야 한다고 했다. 무디는 "저는 하나님께서 제게 주기를 원하시는 것이라면 무엇이든 받고 싶습니다."라고 말했다. 쿡 부인은 무디로 하여금 무릎을 꿇게 하고 기도했다. "오 하나님! 이 젊은이를 하나님의 영으로 충만케 하소서." 당시에는 아무 일도 일어나지 않았다. 며칠 후 무디가 다른 도시에 갔을 때 성령님이 임하셨다. 길거리를 가고 있을 때 홀연히 찾아오셨다. 성령의 세례가 부어졌다. 그는 충만케 되었다. 온유한 심령에 갑작스럽게 부어지는 충만함이었다. 놀라운 평강이었다.

길들여진 야수

영광의 통로

우리의 약함은 하나님의 영광을 드러낸다. 사도 바울은 자신의 약함이 그리스도의 능력을 드러내는 기회가 된다고 말한다. (고후12:9-10) 하나님 앞에서 스스로 약해지는 것이 곧 온유이다. 온유는 하나님의 영광을 드러내는 성품이다. 자신의 이름을 드러내지 않고 하나님의 이름을 드러내는 결과를 낳는다. 모세가 화를 내어 바위를 쳤을 때 하나님께서 자신의 거룩함을 드러내지 못했다고 모세를 책망하시고 그 때문에 가나안 땅에 들어가지 못하게 하셨다. (출20:12) 천하에 가장 온유했던 모세도 한순간 스스로 강하여져 화를 냈을 때 하나님의 영광을 드러내지 못하는 결과를 나타냈다. 분노를 발하는 것은 하나님의 영광을 드러내지 못한다.

멕체인은 19세기 초 스코틀랜드 던디에 있는 성 베드로 교구에서 목사로 섬겼다. 그는 26세가 되었을 때 몸이 좋지 않아 휴식차 팔레스타인과 동부 유럽에서 안식년을 보내고 있었다. 그런데 그가 교회를 떠나 여행 중에 W.C. 번즈라는 젊은이가 강단을 지켰다. 그때 역사적인 부흥이 성 베드로 교구에서 일어나 스코틀랜드 전역으로 퍼지기 시작했다. 맥체인은 고국과 고향 교회로부터 그 소식을 접하게 되었다. 그리고 그 놀라운 역사를 경험하고 복음을 전하는 일에 힘을 보태고 싶어 했다.

맥체인이 던디의 본 교회에 도착하였을 때 사람들이 말씀을 듣기 위해 건물 안의 모든 방을 채운 것을 보고 놀라움을 금치 못했다. 듣던 대로 놀라운 부흥의 역사가 펼쳐지고 있었다. 맥체인은 잠시 던디를 떠나 사역하고 있던 번즈에게 다음과 같은 편지를 썼다.

> "내게 맡겨진 귀한 심령들을 지도하느라 애쓴 당신의 모든 수고에 대해 어떻게 감사해야 할지 모르겠군요. 더욱이 내게 매일같이 자비와 은총을 내려 주신 하나님께 어떻게 감사해야 할지 알 수 없군요. 주님은 내가 결코 그 누구에게도 말하지 못했던 방법으로 내 기도에 응답해 주셨습니다."[38]

보통 사람이라면 비록 사역자라도 시기하기 쉬운 상황이었다. 사울은 이것을 극복하지 못해 다윗을 죽이려고 평생 쫓아다녔다. 그러나 맥체인은 시기하지 않았다. 하나님의 영광이 드러나는 것을 기뻐했다. 그리고 자신이 하나님 앞에 한 역할에 만족했다. 육신을 극복하였다.

---

38) 앤드루 보나, 로버트 맥체인의 회고록, 부흥과 개혁사, 2005, p228

자신 안에 있는 야수를 잘 다스릴 수 있었다. 멕체인은 번즈에게 계속 해서 다음과 같이 말했다.

"주님이 당신을 통해 그곳에서 하실 일이 있다면 지금 있는 그곳(퍼스)에서 하실 일이 남아 있다면 그곳에 계속 머무십 시오. 솔직하게 말하건대 나의 유일한 소원은 그리스도를 따르고 그분 안에 거하며 그분의 형상을 닮고자 하는 이들을 통해 그분께서 영광을 받는 것입니다. 따라서 퍼스에서나 던디에서나 그리스도께서 영광을 받는 일이라면 우리가 어디에 있든지 별로 상관이 없겠지요. 내가 지금 나의 마음을 솔직히 털어놓고 있다는 것을 당신도 아시리라 믿습니다. 나는 주님이 던디에서 당신을 축복하셨으며, 더 많은 일을 행하도록 하기 위해 그곳으로 불러 가셨다고 믿습니다. 설사 주님이 당신을 다른 곳으로 데리고 가신다 해도 나는 도저히 막을 수 없습니다. 지난 주일에 주님은 내 몸과 마음을 강건하게 하셨으며 나의 심령에도 기쁨이 있었습니다."

멕체인은 부흥이 올 때 1인자 자리를 차지하지 않았다. 그의 기도는 부흥에 초점이 맞춰져 있었고 하나님은 그의 기도에 응답해 주셨다. 그는 하나님의 부르심의 목적이 자신을 세상 앞에 1인자로 만드는 것이 아니라 당신의 삶에서 하나님을 최우선으로 삼는 것이다. 하나님의 부르심은 완벽하며 하나님은 각 사람을 위해 특별한 자리를 갖고 계시다. 몸의 모든 지체는 개별적인 역할을 갖고 있다 그리고 그 역할을 감당할 때 우리는 목적을 성취하는 것이다.[39) 온유함이 하나님의 영광이 드러나는 통로가 된다.

---

39) 래비 캐커라이어스, 위대한 장인, 토기장이, 2007, p101

길들여진 야수

배움의 복

온유한 사람은 잘 배운다. 따뜻하고 부드러운 마음은 잘 배우는 마음이다. 자신을 잘 다스릴 줄 아는 사람은 잘 배우는 사람이다. 배움을 실천할 줄 아는 사람이다. 배우는 마음은 복된 마음이다. 배움에서 가장 중요하는 것은 배우는 자세이다. 배우는 자세가 곧 온유한 태도를 말한다. 배우지 못하면 고집스럽게 된다. 단단한 마음이 된다. 그러나 배우는 사람은 부드럽다. 유연하다. 항상 진보한다. 배우는 사람은 나이가 들어도 젊게 사는 비결을 안다.

온유한 사람은 성령께 잘 배운다. 온유는 성령에 지배를 받는 마음이다. 성령께 민감하다. 성령께 민감한 사람은 성령의 가르침을 잘 받는다. 성령께서는 깨닫게 하신다. 말씀을 깨닫게 하시고 환경과 자신을 깨닫게 하신다. 성령은 진리의 영이시기 때문에 진리를 깨닫게 한다. 진리를 깨달으면 자유가 찾아온다. (요8:31,32) 진리를 깨우치면 영혼이 소성된다. 부흥을 경험한다. 영적인 회복을 경험한다. 샘솟는 기쁨과 자유를 누리게 된다. 말할 수 없는 영광스러운 기쁨이 심령에서 샘솟는 한다.

온유한 사람은 성령의 인도함을 받아 생수를 경험하게 된다.

온유한 사람은 예수님을 잘 배운다. 예수님의 제자가 된다. 예수님을 잘 배운다는 것은 말씀을 잘 배우고 실천한다는 의미이다. 예수님은 온유한 자를 특별히 잘 가르치신다. "온유한 자를 공의로 지도하심이여 온유한 자에게 그 도를 가르치시리로다"(시25:9) 예수님께 배우면 예수님을 닮게 된다. 안식을 누린다. (마11:29)

온유한 사람은 고통 중에 배울 줄 안다. 고통을 낭비하지 않는다. 고통과 고난이 주는 의미를 찾고 배운다. 환경과 경험을 통해 배우는 것이다. 그 안에서 성장과 성숙을 경험하게 된다. 어리석은 자는 고난 중에 불평하고 원망한다. 그러나 지혜로운 자는 고난 속에서 잘 배운다. 요셉은 고난 중에 하나님을 배우고 애굽의 사람들과 문물을 배웠다. 모세는 고난 중에 양치는 법을 배웠다. 고난을 통해 배우는 가장 소중한 것은 하나님을 아는 지식이다. 감사와 찬양을 배우는 것이다.

온유한 사람은 평생학습자가 된다. 다니엘은 80이 훨씬 넘은 나이에도 하나님의 말씀을 열심히 읽고 공부했다. (단8:1,2) 그는 평생학습자이다. 나이가 들어도 그의 깨달음과 영성은 깊이를 더해 갔다. 몸은 비록 늙었지만 마음은 젊었다. 온유한 사람은 성경지식뿐 아니라 인생에 필요한 다양한 지식을 통해 평생학습을 한다. 96세를 2개월 남기며 숨을 거두었던 경영학의 구루 피터 드러커는 "평생학습이 마음과 육체를 젊게 했다."고 말했다. 밴 카슨은 "한 주일에 두 권의 책을 읽고 관심 있는 주제에 관한 책들을 집중적으로 읽는 가운데 지식을 더해 갔고 성공

길들여진 야수

의 길에 이르렀다."라고 말한다.

온유한 사람은 배움을 통해 생각하는 법을 배운다. 생각을 다스릴 줄 알게 된다. 우리 영혼의 감성과 영성은 지성에서 출발한다. 생각에서 출발한다. 생각이 잘못되면 감정과 의지가 잘못된 방향으로 흐르게 된다. 하나님께서 기뻐하시는 생각을 하게 되면 하나님의 기쁨과 능력이 우리 안에 임하게 된다. 나의 생각을 하나님의 생각과 일치시키는 것이 배움의 극치이다. 온유한 자만이 이것을 할 수 있다.

온유한 사람은 잘 가르친다. 온유한 사람은 좋은 학습자가 될 뿐 아니라 좋은 교사가 된다. 잘 배우는 자가 잘 가르치기 때문이다. 주님 안에서 잘 가르치는 사람은 반드시 잘 배우는 과정을 거친 사람들이다. 3년 동안 예수님을 따르며 배웠던 제자들이 결국 좋은 교사요 지도자가 되었다. 능력 있게 쓰임 받게 되었다. 주의 종의 특성 중 하나가 온유함으로 가르치는 능력이다. "마땅히 주의 종은 다투지 아니하고 모든 사람을 대하여 온유하며 가르치기를 잘하며 참으며 거역하는 자를 온유함으로 징계할찌니 혹 하나님이 저희에게 회개함을 주사 진리를 알게 하실까 하며"(딤후2:24,25) 능력 있는 가르침은 온유한 가르침이다. 거역하는 자까지도 온유하게 가르칠 수 있을 때 주님 기뻐하시는 종이 되는 것이다.

온유한 사람은 배우는 복이 따른다. 배우면서 더 온유해진다. 그리고 더욱 배우는 자가 된다. 평생학습자가 된다. 가장 좋은 배움은 배우는 법을 배우는 것이다. "가장 중요한 교육의 목표는 학습하는 법을 학습하는 것이다."(루이 알베르토 마캐도 박사) 잘 배운 사람은 결국 잘 가르치는 사람이 된다. 온유한 사람은 배움을 통해 늙어도 결실하고 푸르른 삶을 살게 된다. 이것이 온유함의 복이다.

치유하는 복된 인생

세상에는 따뜻함보다도 냉랭함이 더 많다. 서로 경쟁하는 가운데 상처를 주고받기가 쉽다. 우리들 대부분은 상처로 인해 괴로워하며 살아가고 있다. 상처 받은 사람은 자연스레 상처를 주게 되어 있다. 차가운 세상에 온기를 더해 주는 사람들이 바로 온유한 사람들이다. 온유한 사람의 따뜻함이 세상의 살벌함에 생기를 공급한다. 따뜻함은 회복의 능력을 가져온다. 봄의 따뜻함은 얼어붙었던 대지를 녹인다. 잠자던 자연에 생기를 불어넣는다. 겨울의 추위로 인해 자연의 상처를 치유하고 회복시킨다. 마찬가지로 마음이 따뜻한 사람은 세상에 온기를 제공하고 세상을 치유하는 역할을 한다.

따뜻하고 부드러운 마음은 예수님께로부터 온 것이다. 예수님의 마음은 온유하고 겸손한 마음이다. 수고하고 무거운 짐으로 인해 받은 상처가 예수님 앞에 가면 그분의 따뜻함으로 인해 치유되고 회복된다. 비로소 쉼을 누리게 된다. 온유한 마음은 성령의 마음이다. 성령의 충만을 덧입을 때 마음은 생기와 활력을 얻게 된다. 하나님의 사랑으로 따뜻하게 된다.

주님 안에서 치유를 경험한 사람이 세상을 치유하는 삶을 산다. 그것이 그들의 사명이다. 베드로는 주 안에서 치유를 경험하고 치유하는 사람이 되었다. 스승을 배신하고 부끄러워 옛 삶으로 돌아갔던 베드로의 차갑고 어두워진 마음은 예수님의 따뜻한 사랑 앞에서 밝은 빛을 얻게 되었다. 생기를 회복했고 소망을 회복했다. 그는 평생 동안 수많은 사람들을 주님 앞에 인도하며 상처받은 사람들을 치유하는 사람이 되었다. 그는 베드로전서를 쓰면서 두 번이나 온유를 언급하면서 온유한 마음의 중요성을 강조한다. 온유하고 안정된 심령이 얼마나 값진 것인지를 말한다. (벧전3:4) 전도할 때 항상 온유와 두려움의 태도가 필요하다고 역설한다. (벧전3:15)

온유한 사람들은 그 말을 통해 사람들을 치유한다. 온유한 사람의 혀는 마치 생명나무와도 같다. "온량한 혀는 곧 생명나무라도 패려한 혀는 마음을 상하게 하느니라"(잠15:4) 따뜻한 사랑에서 나오는 말은 생명의 열매를 맺어 다른 사람들을 살리고 치유하고 회복시킨다. 자신의 아버지 사울이 다윗을 죽이려 할 때 두려움에 쌓여 있는 다윗에게 요나단의 말은 다윗을 위로하고 힘을 주기에 충분했다. "곧 요나단이 그에게 이르기를 두려워 말라 내 부친 사울의 손이 네게 미치지 못할 것이요 너는 이스라엘 왕이 되고 나는 네 다음이 될 것을 내 부친 사울도 안다 하니라"(삼상23:17) 따뜻한 마음에서 나오는 격려의 말은 듣는 이의 마음을 기쁘게 하고 또한 치유의 능력을 갖는다. "선한 말은 꿀송이 같

아서 마음에 달고 뼈에 양약이 되느니라"(잠16:24)

치유는 하나님의 생명력에서 온다. "사물과 몸, 그리고 영혼을 움직여 그것들을 일정한 방향으로 이끄는 생생한 힘이 생명이다. 그리고 성경은 우리에게 모든 생명은 하나님으로부터 나온다고 말한다."[40] 그러므로 진정한 온유는 하나님의 풍성한 생명의 반영이다. 생명이 넘칠 때 하나님으로부터 치유와 회복의 역사가 분명하게 나타난다. 이사야 선지자는 하나님의 임재를 통해 생명을 공급받게 될 때 우리의 마음과 말에 있어서의 변화가 있다고 말한다. 우리의 마음이 사랑으로 가득하게 되고, 우리의 말은 정죄가 아닌 사랑의 말이 된다고 말씀하고 있다. 그 결과는 성령의 충만함이며 공동체의 회복에 주춧돌이 되는 것이다. 이보다 더 큰 축복된 약속이 어디 있겠는가?

"네가 부를 때에는 나 여호와가 응답하겠고 네가 부르짖을 때에는 말하기를 내가 여기 있다 하리라 만일 네가 너희 중에서 멍에와 손가락질과 허망한 말을 제하여 버리고 주린 자에게 네 심정을 동하며 괴로워하는 자의 마음을 만족케 하면 네 빛이 흑암 중에서 발하여 네 어두움이 낮과 같이 될 것이며 나 여호와가 너를 항상 인도하여 마른 곳에서도 네 영혼을 만족케 하며 네 뼈를 견고케 하리니 너는 물 댄 동산 같겠고 물이

---

40) 폴 트루니에, 치유, CUP, 2007, p180

끊어지지 아니하는 샘 같을 것이라 네게서 날 자들이 오래 황폐된 곳들을 다시 세울 것이며 너는 역대의 파괴된 기초를 쌓으리니 너를 일컬어 무너진 데를 수보하는 자라 할 것이며 길을 수축하여 거할 곳이 되게 하는 자라 하리라"(사58:9,10)

길들여진 야수

효과적인 전도

우리는 전도에 대해 생각할 때 도전적이고 열정적인 이미지를 떠올릴 때가 많다. 그러나 예수님은 온유하고 은밀하게 전도하실 때가 많았다. 일방적인 선포보다는 대화식으로 하실 때가 많았다. 니고데모에게 전할 때 그렇게 하셨다. 사마리아 여인에게 전도하실 때도 그렇게 하셨다. 사마리아 여인에게 전도하실 때 예수님의 온유하심이 크게 드러났다. 이것은 우리에게 큰 본이 된다.

예수님은 죄인을 정죄하지 않으셨다. 사마리아 여인은 문란한 여인이었다. 남편을 다섯이나 바꾸었다는 사실은 오늘날과 같이 개방된 사회 속에서도 받아들일 수 없는 비도덕적인 행위이다. 하물며 지금보다 훨씬 보수적인 시대라는 것을 감안하면 사마리아 여인은 참으로 죄의 극치를 달리던 여인이었다. 그러나 예수님은 여인을 호되게 나무라거나 정죄하지 않으셨다. 단지 그가 남편이 다섯이고 지금 있는 남자도 남편이 아니라는 사실만 확인해 주셨다. 죄에 대해 스스로 깨닫게 하신 것이다. 주님은 권위적인 방법을 사용하셔서 여인의 죄의 문제를 다루지 않으셨다. 예수님은 연약함에 의해 무지함에 의해 죄를 지은 것에 대해 충분히 이해하셨다. 권위로 짓밟거나 누르지 않으셨다. "상한 갈대를 꺾지 아니하시고 꺼져가는 심지도 끄지 아니하시고 진실로 정의를 시행할 것이며"(사42:3)

예수님은 간접적인 접근 방법을 사용하셨다. 온유한 사람은 직선적인 방법을 사용하기보다는 우회적인 방법으로 진리에 직면할 때가 많다. 예수님은 사마리아 여인을 몰아붙이지 않으셨다. 주로 질문을 사용하셨다. 간접적으로 죄의 문제에 접근하셨다. 사마리아 여인에게 구원에 대해 아는지에 대해 묻지 않으셨다. 단지 영생하도록 솟아나는 생수의 이야기를 사시면서 생수에 대한 호기심을 유발시키셨다. 스스로의 동기를 유발시키는 방법을 사용하셨다. 예수님은 비유를 사용하시면서 간접적 전도방식을 택하셨다. 상대방을 겁나게 하거나 질리게 하는 방식으로 접근하지 않으셨다.

예수님은 상대에게 부탁하시는 형식을 사용하셔서 전도하셨다. 답을 먼저 말씀하시기보다는 질문을 사용하셔서 생각하게 하시고 스스로 답을 하게 하셨다. 내게 물 좀 달라 하신 것은 명령이라기보다는 "내게 물 좀 주지 않겠느냐?"고 부드럽게 요청하신 것이다. "네 남편을 불러오지 않겠느냐"고 하신 것은 "네 남편을 불러오지 않겠느냐?"고 청원하신 것이다. 상대를 존중하고 상대에게 눈높이를 맞추시며 저도하신 것이다. 부탁을 받을 때 사람은 존중감을 갖게 된다. 의미 있는 존재로 여겨지게 된다.

예수님의 온유하신 전도의 방법은 오늘날 우리에게 본이 된다. 성령께서 동일한 방법으로 전도를 이끄신다. 상대방을 호되게 몰아붙이거나 인위적으로 죄의식을 부추기는 방법은 인간적인 방법이 되기 쉽다. 상처 많은 사람들을 이해하고 들어주고 배려하는 가운데 상대방 스스로 자신의 문제를 깨닫게 하는 전도의 방식이 필요로 된다. 특별히 권위를 부정하는 경향이 많은 포스트모더니즘 시대에서는 더욱 온유한 방법의 전도를 권하게 된다. 베드로 사도도 고난과 핍박 중에 있는 아시아에 있는 성도들에게 "온유와 두려움으로" 전하라고 권면했다.

온유함은 전도뿐 아니라 사역 전반에 요구되는 자질이다. 온유한 사람은 성령의 이끄심을 따라 사역할 줄 알게 된다. 성령보다 앞서지 않는다. 성령의 인도를 따라 일하며 성령을 의지하여 일하게 된다. 이때 말씀이 율법이 되어 정죄감을 불러일으키기보다 치유와 회복의 기능을 하는 말씀이 된다. 그때 하나님의 영광이 더욱 나타나게 된다.

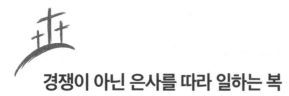

경쟁이 아닌 은사를 따라 일하는 복

　몸은 수많은 부분이 서로 연결되어 만들어졌다. 각 부분은 머리의 통제를 받는다. 마찬가지로 교회는 그리스도의 몸이다. 각 성도는 몸을 이루는 한 지체이다. 지체는 서로 연결되어 있고 머리 되신 예수님의 통제를 받는다. 각 지체는 고유한 역할과 기능을 갖는다. 그 역할과 기능은 존귀하고 아름다운 것이다. 고유한 역할과 기능을 잘 감당하도록 선물로 주신 것이 은사이다.

　주신 은사를 발견하고 발견한 은사를 소중히 여긴다면 누구나 교회를 영광스럽게 세우는 일에 아름답게 쓰임 받는다. 그러나 사람들은 하나님의 관점을 따라 생각지 않고 편견을 가지고 대할 때가 많다. 어떤 은사는 보다 귀하고 어떤 은사는 보다 천하다고 생각한다. 손은 발에 비해 귀하고 눈은 귀에 비해 귀하다고 여기는 경향이 있다. 서로를 비교하고 서로 경쟁하기가 쉽다. 이것은 많은 그리스도인이 빠지기 쉬운 함정이다. 우리가 교회 안에서 일을 하다 쉽게 지치는 것은 많은 경우 자신이 가지고 있지 않은 것으로 섬길 때이다. 파커 팔머는 "탈진은

　길들여진 야수

내가 갖지 않은 것을 주려고 할 때 나오는 결과이다."[41]라고 말했다.

온유한 자는 자신의 역할과 기능을 잘 안다. 성령의 음성에 민감하다. 자신의 은사를 알고 그 일에 충실하며 그 일에서 기쁨을 누릴 줄 안다. 남과 경쟁하지 않으므로 인해 불필요한 에너지를 소비하지 않는다. 온유한 자는 하나님께서 자신을 보는 눈을 갖는다. 하나님께서 주신 은사와 역할과 부르심에 늘 감사하며 소중하게 여긴다. 그리고 자신의 은사를 잘 개발하여 아름답게 교회를 섬긴다.

다니엘 풀러는 자신의 은사를 알고 그 일에 집중하여 행복한 삶을 산 좋은 예이다. 다니엘 풀러는 풀러신학교의 설립자 찰스 풀러의 아들이다. 그는 CCC 설립자 빌브라이트 박사와 동기이다. 그들은 졸업하고 함께 캠퍼스 사역에 전념했다. 빌브라이트는 UCLA에서 그리고 다니엘 풀러는 USC에서 각각 설교와 전도사역을 했다. 둘 다 열심히 일했지만 사역의 열매에 있어 많은 차이가 있었다. UCLA에서는 큰 부흥이 있었던 반면 USC에서는 열매가 미미했다. 다니엘 풀러는 고통스러운 시간을 보내야 했다. 좌절과 실망으로 인해 우울증까지 경험했다. 그러던 중 모교인 풀러신학교에서 잠시 대리 강의를 맡아달라는 연락이 왔다. 마가복음에 대한 강의를 부탁받았다. 마가복음에 관한 귀납법적 연구는 그의 석사학위 논문이기도 했다. 그는 열심히 준비하여 강의를 마쳤다. 학생들은 졸업만찬에서 어떤 강의가 기억에 남느냐는 질문

---

41) 파커 팔머, 삶이 내게 말을 걸어올 때, 한문화, p75

을 받았다. 이에 학생들은 이구동성으로 대답했다. "다니엘 풀러 교수님의 지도하에 마가복음을 귀납법적 방법으로 연구한 것이 제가 신학교 공부 3년 동안에 한 연구 중 최고였습니다. 큰 보람을 느끼면서 정말 많은 것을 배울 수 있었습니다."[42] 다니엘은 자신의 은사를 분명하게 확인하게 되었다.

그는 방향을 바꾸어 성서 해석학을 전공하게 되었다. 그는 시카고에 있는 북침례 신학대학에서 구약학으로 박사학위를 받았다. 그리고 성서 해석학에 있어 세계적인 권위를 갖고 있던 독일 바젤대학에서 계속 연구하게 되었다. 그는 후에 풀러신학교의 교수가 되어 성서 해석학분야에서 세계적인 기여를 하는 인물이 되었다. 그가 만약 설교가로서 그리고 캠퍼스 사역자로서의 역할을 고집했다면 자신의 고유한 은사를 활용한 사역에 성공하지 못했을 것이고 행복한 삶을 살지 못했을 가능성이 많다.

그는 자신의 뜻을 포기할 줄 알았다. 하나님의 뜻에 순종할 줄 알았다. 하나님께서 자신에게 주시니 은사를 소중히 여길 줄 알았다. 남과의 경쟁을 극복하는 비결을 배웠다. 기쁨으로 자신의 사역에 충실할 수 있었다. 온유한 자는 자신의 기업을 기뻐하고 그에 충실하다. "내게 줄로 재어 준 구역은 아름다운 곳에 있음이여 나의 기업이 실로 아름답도다"(시16:6)

---

42) 임윤택, 풀러, 아이러브처치, 2009, p210

화평케 하는 자의 복

이 세상의 큰 필요 중의 하나는 화평케 하는 일이다. 사람 사는 곳에는 늘 분쟁이 있기 마련이다. 개인 간, 나라 간, 민족 간 그리고 공동체 간 분쟁이 끊이지 않는다. 죄와 욕심이 이 세상에 들어온 이후 갈등과 분쟁은 계속되어 왔다. 심지어는 교회 안에서조차 분쟁은 좀처럼 사라질 기미를 보이지 않는다. 그러나 이 분쟁을 완화시키고 화평을 이루는 데 기여를 하는 사람들이 있다. 온유의 성품을 가진 자들이다. 온유한 자는 화평케 하는 자들이다.

예수님은 이 땅에 화평을 가져오셨다. 스스로 화목제물이 되셔서 죄로 인해 막힌 담을 허시고 하나님과 사람 사이의 화평을 이루셨다. 하나님과의 화평은 사람들 사이의 화평의 기초가 되었다. 이 땅에 비로소 공의가 이루어지면서 화평이 생기기 시작했다.

하나님과의 화평이 이루어지면서 인간은 비로소 자신과의 화평을 회복하게 되었다. 온유한 사람은 성령의 지배를 받기 때문에 자기 자신에 대한 불만과 불평을 다스릴 줄 안다. 자신 안에 있는 분노를 다스릴 줄 안다. 자신에 대해 긍정적인 눈으로 바라볼 줄 안다. 자신의 강점에 대해 감사하고 연약함에 대해 너그러울 줄 안다. 하나님의 안목으로 자신을 바라보기 때문이다.

자신과 화평한 사람은 다른 사람과도 화평한 관계를 잘 맺는다. 화평의 비밀이 자신을 낮추고 상대를 존귀히 여기는 데 있음을 알기 때문이다. 므낫세 중 작은 지파 출신의 기드온은 300명의 소수용사로 미디안 사람들을 상대로 큰 승리를 이끌었다. 이때 이스라엘 중 가장 강대한 지파인 에브라임사람들이 기드온을 시기했다. 왜 전쟁에 자신들을 부르지 않고 혼자 나갔느냐고 시비를 걸었다. 이때 기드온은 이렇게 말한다. "나의 이제 행한 일이 너희의 한 것에 비교되겠느냐 에브라임의 끝물 포도가 아비에셀의 맏물 포도보다 낫지 아니하냐 …나의 한 일이 어찌 능히 너희의 한 것에 비교되겠느냐"(삿8:2,3) 이때 에브라임 사람들의 반응에 대해 성경은 "기드온이 이 말을 하매 그들의 노가 풀리니라"라고 적고 있다. 전쟁의 일촉즉발의 순간에서 화평을 이루어 낸 것이다. 온유한 자의 말은 화평을 가져온다. "유순한 대답은 분노를 쉽게 하여도 과격한 말은 노를 격동하느니라"(잠15:1)

화평에 능한 사람은 격려에 능한 사람이다. 격려에 능한 자는 건강한 자아상을 가진 사람이다. 시기와 질투를 극복할 줄 아는 능력이 있는 사람이다. 바나바는 훌륭한 격려자이다. 자신 스스로 안디옥에서 목회를 해도 되는데 그는 바울의 잠재력을 보고 그를 세워 주었다. 그와 함께 사역을 했다. 자신의 위치가 사라질 염려에도 불구하고 상대방을

길들여진 야수

세워주었다. 결국 바나바는 초대교회 공동체가 화평한 공동체가 되는 데 큰 기여를 했다. 격려자는 하나님 나라의 넓은 시야를 가진 사람만이 가능한 일이다. 온유한 사람만이 격려자가 될 수 있다. 자기를 비울 줄 아는 사람만이 진정한 격려자가 된다.

화평케 하는 자는 하나님의 아들이라 칭찬을 얻는다. 예수님은 산상수훈에서 화평케 하는 자의 복을 팔복 중의 하나로 언급하셨다. 화평을 도모하는 일은 하나님 나라에서 가장 칭찬받는 덕 중의 하나인 것이다. 이것이 진정 예수 그리스도의 제자도를 실천하는 길이기 때문이다. 화평케 하는 것은 자기 부인을 필요로 한다. 자기 절제를 필요로 한다. 하나님의 약속을 바라보는 믿음을 필요로 한다. 하나님의 평강이 넘칠 때만 가능한 일이다. 평강의 하나님이 함께하실 때 가능하다. 성령께서 우리의 내면을 다스리실 때만 가능한 일이다. 화평케 하는 일이 하나님께 속한 일이요. 예수 그리스도의 본이요. 성령의 역사로 가능한 일이다. 온유한 자에게 약속된 평강의 복이 풍부하게 역사할 때만이 가능한 것이다. 온유한 자는 화평케 하는 자가 되고 화평케 하는 자의 복을 함께 누리게 된다. 분쟁과 갈등이 많은 세상에서 화평에 대한 믿음과 소망을 갖자. 그리고 온유함으로 화평케 하는 일에 힘쓰는 하나님의 아들이 되자.

순종의 복

순종이란 하나님의 권위 아래 사는 것이다. 하나님의 뜻을 행하고 그분의 말씀을 따르는 것이다. E.M.바운즈는 "순종이란 하나님의 뜻을 행하는 것이며 그분의 명령을 지키는 것이다."라고 말했다. 예수님은 하나님의 뜻을 행하는 것이 그분의 양식이라고 하셨다.(요4:34) 그분의 기쁨이요 만족이었다. 예수님께서 이 땅에서 존재하신 목적이라고 말씀하신 것이다.

하나님의 권위 아래 살면 하나님의 보호와 책임 안에 살게 된다. 전능하신 하나님의 돌보심과 인도는 이 세상의 어떠한 권세보다도 더 안정된 삶을 보장한다. 하나님의 인정하시는 경계 속에 살면 참자유와 기쁨을 맛보게 된다. 방종은 오히려 우리를 죄의 노예가 되게 한다. 아담과 하와는 불순종한 이후에 자유와 보호를 잃어버렸다. 존 비비어는 "그들이 하나님의 권위에 불순종함으로 인류는 한때 알던 귀한 자유와 보호를 잃어버렸다"[43]고 말했다. 순종은 또한 사랑 받는 비결이다. 앤드류 머레이는 "땅 위에서의 순종은 하늘에 있는 하나님의 사랑의 자리로 들어가는 열쇠이다."라고 말했다. 순종이 곧 지혜이다. 세상에서 우매하게 보이는 사람이라도 하나님의 말씀을 단순하게 믿고 순종하면 생명의 길을 가게 됨으로 가장 지혜로운 삶을 살게 된다. (시19:4) 순종하는 자에게 하나님은 자신의 마음에 합한 자로 여기고 그에게 성령의 충만을 부어주신다. (행5:32)

죄 가운데 태어난 사람에게 순종은 자연스러운 것이 아니다. 오히려 불순종이 자연스럽다. 우리 스스로의 힘으로 순종한다는 것은 불가능하다. 이스라엘 역사만 보아도 알 수 있다. 하나님의 선택을 받는 백성들은 끊임없이 불순종하고 징계를 받는다. 하나님의 은혜와 사랑으로 말미암아 회복을 경험하지만 얼마 가지 않아 다시 불순종의 길을 간다. 불순종의 역사가 이스라엘의 역사였다. 마찬가지다 우리 인간의 역사란 하나님에 대한 불순종의 역사이다. 하나님께서 순종을 도우셔야만 가능하다. 사도 바울조차도 자기 자신의 죄악으로 인해 "오호라 나는 곤고한 자로다"라고 탄식하며 외치지 않았는가. 하물며 부족한 우리는 어떠하겠는가?

은혜를 알면 순종이 쉬워진다. 성령이 은혜를 공급한다. 은혜를 깨닫게 하고 은혜 가운데 순종하도록 돕는다. 예수님께서 돌아가신 이

---

43) 존 비비어, 순종, 두란노, p14

유는 우리를 죄에서 구원하시기 위함이다. 구원의 선물 속에는 이 세상 최고의 선물이 포함되어 있는데 그것이 성령이다. 구원만 알고 성령을 모르면 하나님께서 예비하신 최선의 삶을 살지 못한다. 여기에서 말하는 성령은 내주하시는 성령을 의미하지 않는다. 생명을 주는 충만케 하는 성령을 의미한다. 이 성령이 임할 때 우리는 기쁨으로 순종하게 된다. 땅의 법칙만을 알 때는 결코 날 수 없다. 그러나 부력의 법칙을 알게 되면 우리는 땅에서 잡아당기는 힘을 끊고 하늘을 날게 된다. 성령을 의지하여 사는 것은 마치 비행기를 타는 것과 같다. 땅의 지체를 능히 극복할 수 있다. 나아가 하나님 기쁘시게 해 드리는 순종이 가능해진다.

성령이 오셨을 때 나타나는 가장 큰 특징은 우리의 굳은 마음 단단한 마음을 제하시고 부드러운 마음을 주시는 것이다. 부드러운 마음이란 온유한 마음이다. 온유한 마음은 성령을 통하여 주시는 하나님의 선물이다. 부드러워진 마음이 될 때 비로소 순종이 가능하다. 에스겔 선지자는 이렇게 말한다. "내가 그들에게 일치한 마음을 주고 그 속에 새 신을 주며 그 몸에서 굳은 마음을 제하고 부드러운 마음을 주어서 내 율례를 좇으며 내 규례를 지켜 행하게 하리니 그들은 내 백성이 되고 나는 그들의 하나님이 되리라"(겔11:19-20) 성령께서 우리 마음에 오셔서 하시는 첫 번째 일이 바로 우리의 마음을 부드럽게 하시는 일이다.

온유한 마음이 되면 순종은 쉽게 된다. 순종이 어려운 것은 우리의 마음이 단단하고 강퍅하기 때문이다. 온유한 마음에서 순종이 임하고 순종을 통해 하나님의 복이 우리 삶에 임하게 된다. 하나님의 사랑을 받고 하나님의 임재를 경험하며 살게 된다. 그리고 하나님께서 예비하신 하늘의 복과 땅의 복을 누리게 된다. 그리고 끝까지 쓰임 받는 삶이 된다. (신17:18-20)

성결의 복

'거룩'이라는 말은 진부하게 들리는 경향이 있다. 왠지 율법주의 냄새가 나는 것처럼 들린다. 성경책을 옆에 끼고 근엄한 걸음걸이를 하며, 활력 없는 종교적인 삶을 사는 것이 연상되기도 한다. 그러나 이것은 거룩의 실체를 알지 못하는 데서 온 것이다. 거룩함 속에 신선함이 있고 거룩함 속에 역동성과 활력이 있다. 신앙인의 행복이 거룩함에 있다면 놀랄 것이다. 그리스도인으로서 능력 없는 삶을 사는 이유는 바로 이 거룩의 능력을 알지 못하기 때문이다. "거룩이 재미없는 것이라고 생각하는 사람은 정말 모르는 사람이다. 일단 그것을 만나면 결코 저항할 수 없다. 세계 인구 중 10%가 그것을 소유하고 있다면, 이 해가 가기 전에 세상은 완전히 달라질 것이다. 참으로 행복하게 될 것이다."(C. S. 루이스)

거룩이란 하나님 기뻐하시는 뜻을 행하는 것이다. 거룩은 단지 죄를 짓지 않은 것을 의미하지 않는다. 보다 적극적인 의미에서 하나님의 뜻을 행하는 것이다. 하나님 편에 분명하게 서는 것을 의미한다. 이것

길들여진 야수

이 구별된 삶이다. 세상 안에 살지만 세상과 어울려 살지만 그 안에서 하나님의 뜻을 행하며 사는 것을 말한다.

거룩함은 우리를 참행복으로 인도한다. 거룩함은 우리로 하여금 하나님을 실제적으로 경험하게 한다.(히12:14) 하나님을 경험하는 것은 하나님과의 친밀한 동행을 의미한다. 성령의 충만함을 경험하는 것을 의미한다. 다시 말해 진정한 행복을 결과한다. 거룩한 영혼 속에 성령님의 임재가 있다. 다윗은 주의 장막에 거하는 자는 즉 주님과의 친밀함을 누리는 자는 정직하게 행하며 공의를 일삼으며 그 마음에 진실을 말하는 자라고 노래했다.(시15:2) 즉 거룩한 삶을 사는 자가 하나님의 임재 속에서 산다고 말하고 있다. 거룩함의 출발은 마음의 청결함이다. 예수 그리스도의 십자가의 보혈로 말미암는 청결함을 의미한다. 마음이 청결한 자에게 하나님을 보는 축복이 약속된다. 하나님을 만나는 축복이다. 성령의 임재와 충만함을 경험하는 축복이다. 성령은 성결의 영이다. 성결한 영혼에게 깃든다. 세상의 더러움으로 가득한 영혼에게 부어지지 않는다. 다니엘과 같이 분명하게 하나님의 뜻을 행하기로 결단하며 나아가는 영혼에게 성령의 기름 부으심이 있다. 진리 편에 분명하게 서는 자만이 성령을 경험할 수 있다.

하나님의 뜻에 따라 행하는 영혼은 온유한 영혼이다. 온유한 자가 하나님의 뜻 앞에 자신을 굴복할 줄 안다. 온유한 자의 마음이 청결하다. 온유한 자가 성결한 삶을 살게 된다. 하나님의 말씀 앞에 올바로 반응하기 때문이다. 성령의 역사에 순종하기 때문이다. 온유한 자가 누리는 풍부한 화평이 유지되기 위해서는 반드시 거룩함이 동반되어야 한다. 또한 하나님과의 화평함이 있어야 거룩함이 생긴다. 이 둘은 서로 떼려야 뗄 수 없는 관계이다. 히브리서 기자는 "모든 사람으로 더불어 화평함과 거룩함을 좇으라 이것이 없이는 주를 보지 못하리라"(히 12:14)고 말씀하고 있다.

온유함을 통해 거룩함에 이르게 된다. 온유함은 믿음의 훈련을 통해 얻어진다. 하나님은 사랑하는 자기 자녀들을 훈련시켜서 온유하게 하신다. 길들이시는 것이다. 육신의 본성을 다스리게 하신다. 이것이 당시에는 슬퍼 보이고 유쾌해 보이지 않지만 잘 훈련되어 온유하게 된 사람은 의의 평강한 열매를 얻게 된다.(히12:11) 하나님과 올바른 관계를 맺게 되고 풍부한 평강을 얻게 된다. 거룩함에 이르고 풍성함에 이르는 것이다.

거룩은 부드럽고 고요한 영혼에게 깃든다. 조나난 에드워드는 거룩은 온유한 영혼의 상태에 깃든다고 말한다. "거룩은 달콤하고 유쾌하며, 매력적이고, 고요하며, 조용한 성질의 것으로 내게 다가왔다. 영혼에 표현할 수 없는 순결함, 밝음, 평화스러움 그리고 환희를 가져다주었다. 다른 말로 하자면, 영혼을 온갖 종류의 아름다운 꽃들로 가득한 하나님의 뜰, 혹은 정원같이 만들었다는 것이다."(조나단 에드워즈) 거룩함은 결코 진부한 것이 아니다. 우리로 벅찬 감격 속에 살게 한다. 활력과 생기 그리고 신선함 속에 살도록 돕는다. 거룩함 속에 기쁨의 비밀이 있다. 이 세상이 주지 못하는 기쁨이 그 안에 있다. 예수 그리스도 안에 있는 기쁨이 우리 안에 임하게 된다. 이것이 온유함을 통해 경험하게 되는 성결의 복이다. 성결은 이 세상 최고의 복이다. 그리스도인이면 누구나 누릴 수 있는 복이다. 거룩을 배우기 위해 먼저 온유를 배워야 한다. 하나님의 뜻에 순종하는 것을 배워야 한다. 그때 천국의 기쁨을 경험하게 될 것이다.

끝까지 쓰임 받는 복

　끝까지 쓰임 받는 것이 주 안에서 큰 은혜이다. 마지막까지 쓰임 받는 사람이 매우 드물기 때문이다. 성경 안에서 끝까지 좋은 마무리를 한 사람들도 있지만 처음에 잘 시작했지만 도중하차한 사람들이 많다. 사울은 겸손함으로 좋은 출발을 했지만 곧바로 불순종으로 말미암아 버림을 받게 되었다. 기드온은 하나님과 동행하여 큰 승리를 경험했지만 만년에 재물과 이성의 유혹을 받아 좋지 않은 끝마무리를 한 인생이 되었다. 솔로몬은 좋은 출발을 했지만 이성의 유혹으로 말미암아 우상을 섬기는 삶을 살았다. 그리고 자신의 삶이 헛되다는 탄식어린 고백으로 생을 마감했다. 다윗은 끝까지 쓰임을 받기는 했지만 밧세바를 범하는 범죄 이후 계속 뻗어 가는 모습을 보이지 못하고 힘겨운 인생을 살다 갔다. 좋은 끝맺음이라기보다는 그저 그런 끝맺음을 하였다. 좋은 끝맺음이 얼마나 어려운지 실감할 만하다.

　성경은 좋은 끝맺음의 예를 많이 보여 준다. 그들은 끝까지 하나님과 동행했다. 아브라함은 도중에 실패와 실수를 반복했지만 그때마다 돌이켜 믿음의 여정을 끝까지 잘 마쳤다. 야곱은 일평생 자기 욕심과 싸우면서 험악한 세월을 살았지만 항상 하나님께 순종함으로 좋은 끝맺음을 남겼다. 모세, 여호수아, 다니엘, 바울, 베드로 그리고 예수님은 모두 좋은 끝맺음의 예들이다.

좋은 끝맺음의 삶에는 특징들이 있다. 로버트 클린턴은 좋은 끝맺음을 하는 사람들의 6가지 특징을 제시했다. 그것은 하나님과의 생동감 있는 교제, 배움의 자세, 예수님 닮은 성품, 하나님의 약속의 성취, 궁극적인 기여, 최종 목적에 대한 깨달음에서 자라감 등이다.[44] 이 특징들은 모두 온유함과 매우 밀접한 관계를 맺는다. 온유한 자들은 항상 하나님과의 생동감 있는 교제를 누렸다. 모세는 하나님으로부터 칭찬받은 온유함을 지닌 사람이었는데 그는 하나님과 친구처럼 교제했던 사람이었다. 온유한 자는 배움에 뛰어나다. 다윗은 "온유한 자를 공의로 지도하심이여 온유한 자에게 그 도를 가르치시리로다"(시25:9)라고 노래했다. 온유한 자는 특별히 말씀을 배우는 데 탁월하다. 온유함은 또한 예수님 닮은 성품 중 대표적인 성품이라 할 수 있다. 온유한 자는 하나님의 인도함 속에 그 약속의 성취를 경험하며 아울러 하나님 나라를 위한 궁극적인 기여를 하게 된다. 온유한 자는 성령의 지배를 받기 때문에 자신의 인생에 대한 깨달음이 점점 더해간다. 이런 면에서 온유는 좋은 끝맺음을 맺게 하는 귀한 성품적 자질이 된다.

---

44) Robert Clinton, Leadership Perspectives, Barnabas Publishers, p89

좋은 출발을 했다가 도중에 하차한 사람들의 특징은 그 마음이 온유함을 잃고 강퍅해지는 것이다. 마음이 교만하여져서 말씀을 버리는 것이다. 사울은 겸손하게 시작하였지만 곧바로 완고한 마음, 거역하는 마음이 되어 불순종하였다. 단단해진 마음에서 시기와 질투의 영이 들어오고 일평생 불행한 삶을 살다 비참한 최후를 맞았다.

가나안 땅으로 들어가기 직전에 모세는 지도자들이 어떻게 하면 생명이 길 것인가에 대해 교훈했다. 그는 겸손이 지도자로서의 생명을 길게 하는 첫 자질임을 설명했다. 그 겸손은 하나님 경외함과 말씀에 대한 순종에서 온다고 가르쳤다. "그가 왕위에 오르거든 레위 사람 제사장 앞에 보관한 이 율법서를 등사하여 평생에 자기 옆에 두고 읽어서 그 하나님 여호와 경외하기를 배우며 이 율법의 모든 말과 이 규례를 지켜 행할 것이라 그리하면 그의 마음이 그 형제 위에 교만하지 아니하고 이 명령에서 떠나 좌로나 우로나 치우치지 아니하리니 이스라엘 중에서 그와 그의 자손의 왕위에 있는 날이 장구하리라"(신17:18-20)

온유함은 성령께서 역사하시는 마음이다. 온유함을 유지한다면 항상 성령의 인도함을 받게 된다. 하나님의 말씀에 순종하게 된다. 성령 충만하게 된다. 그리고 끝까지 하나님과 동행하게 된다. 온유함이 끝까지 쓰임 받는 복을 누리게 한다. 이 복을 사모하자.

4부
—

그리스도의 온유를
배우는 지혜

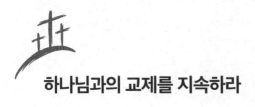

하나님과의 교제를 지속하라

인생에 있어 만남만큼 소중한 것도 없다. 인생은 누구를 만나느냐에 따라 그 방향과 결과가 달라진다. 오래 만나면 오래 만날수록 서로 닮게 된다. 나는 가끔 아내와 많이 닮았다는 이야기를 듣는다. 외모도 닮고 분위기도 닮았다고 한다. 아마 오랜 세월 동안 함께 생활한 탓이라 생각된다. 단지 함께 세월을 보낸 것이 아니라 오랜 시간 함께 생각과 삶을 나눈 때문일 것이다. 결혼 후 하루를 정해 10여 년 동안 데이트를 해 왔다. 그 후에도 계속 우리는 많은 대화를 나눈다. 신앙에 대해, 가정생활에 대해, 직장생활과 교회 생활에 대해 나눈다. 그러나 보니 눈빛만 보아도 한마디 말소리만 들어도 상대방의 뜻과 상태를 잘 알 수 있다. 만남을 통해 변화되었기 때문이다. 만남을 통해 서로의 마음을 닮는 변화가 있다.

하나님과의 만남도 마찬가지이다. 하나님과 오랜 시간 함께 나누고 또 그것을 지속하다 보면 하나님을 닮게 된다. 바울은 하나님과의 교제를 하나님의 영광을 본다는 표현을 사용했다. "우리가 다 수건을 벗

길들여진 야수

은 얼굴로 거울을 보는 것같이 주의 영광을 보매 저와 같은 형상으로 화하여 영광으로 영광에 이르니 곧 주의 영으로 말미암음이니라"(고후 3:18) 신약시대에는 수건을 보는 것처럼 주의 영광을 볼 수 있다. 누구나 언제든지 어디서든지 하나님 곧 예수님을 만날 수 있게 되었다. 기도와 말씀으로 하나님을 만난다. 이것이 하나님의 영광을 보는 것이다. 우리가 하나님과의 교제를 통해 하나님의 영광을 보면 우리의 내면이 주의 형상으로 변화하게 된다. 점점 영광스러운 모습으로 변화한다. 우리가 하나님과 교제에 임할 때 성령께서 역사하신다. 그리스도의 마음을 닮게 된다. 그리고 그 인격을 닮게 된다.

예수님의 성품 중 두드러진 성품이 온유함이다. "나는 마음이 온유하고 겸손하니"라고 말씀하셨다. 예수님 앞에 엎드리면 엎드릴수록 우리 내면에 있는 육신을 다스리는 능력이 커진다. 하나님의 말씀을 대하면 대할수록 우리의 자신의 부족함을 깨닫게 된다. 하나님을 대면하면 할수록 우리는 그분 앞에 우리 자신을 내어놓을 수밖에 없게 된다. C.S. 루이스는 "하나님 앞에 설 때 우리는 우리 자신의 모든 것을 잊어버리든지 우리 자신을 매우 하찮고 더러운 존재로 보지 않을 수 없게 될 것입니다."[45]라고 말했다. 자신을 비우면 비울수록 성령께서 역사하셔서 새로운 피조물로 만드신다. 그리스도의 온유함의 열매가 우리 안에 맺히게 된다.

---

45) 제임스 보이스, 산상수훈강해, 크리스찬 다이제스트, 1987, p33

우리가 주님 앞에서 머무는 동안 성령께서 은혜의 작업을 하신다. 우리 안에 있는 육신적인 부분들을 드러내 보이시고 수술하신다. 새 마음을 주셔서 회복시키신다. 우리 안에 있는 야수를 길들이시고 그리스도의 온유로 덧입히신다. 이것이 예수님을 만날 때 일어나는 일이다. 영성가들은 이 시간을 고독의 시간이라고 부른다. 고독의 시간에 우리는 그리스도의 형상으로 변화되어 간다. "고독은 정화와 변형의 자리요. 위대한 투쟁과 위대한 만남의 자리이다. 고독은 단순히 어떤 목적을 위한 수단이 아니다. 고독은 그 자체가 목적이다. 고독은 그리스도께서 우리를 당신 자신의 모양으로 개조하고 세상의 강제로부터 우리를 자유롭게 하는 자리이다."[46]

나의 인생에 있어 이 세상에서 가장 소중한 것이 하나님과의 교제였다. 25세에 예수님을 믿은 이후 줄곧 주님과 교제하는 삶을 살아왔다. 처음에는 그 효과를 알 수 없었다. 약 25년이 지나면서 너무도 분명한 것은 나의 내면의 변화였다. 하나님과 만나는 시간이 비록 그다지 신비로운 것이 아니었다. 늘 하던 대로 무릎 꿇고 기도하고 말씀을 묵상하는 것이었다. 시간이 지남에 따라 시절을 좇아 분명한 변화의 순간들을 맞게 되었다. 한 걸음, 한 걸음 변화되는 자신을 발견하게 되었다. 하나님을 경험하는 데 있어 진보하였다. 하나님의 사랑과 능력을 경험해 간 것이다. 그럴수록 점점 나의 마음은 평강과 기쁨으로 변하여 갔

---

46) 헨리 나우웬, 마음의 길, 분도출판사, 1989, p29

길들여진 야수

다. 지금 나의 심령은 이사야 말씀대로 "물댄 동산 같고 물이 끊어지지 않는 샘"(사58:11) 같은 심령이라고 말할 수 있다. 마음의 부드러움과 따뜻함에 있어 25여 년 전과 비교할 수 없다. 하나님 나라를 분명하게 경험하고 있다. 그러므로 누구에게나 그리스도 안에서 하나님과의 교제를 권하고 싶다. 하나님은 분명히 살아 계신다. 말씀으로 역사하시고 기도에 응답하신다. 그리고 나를 다듬어 가신다. 충만케 하시고 온유하게 하신다. 하나님과의 지속적인 교제는 이 세상 어떠한 투자보다도 값진 투자이다.

그리스도의 온유를 배우라

삶을 올바로 살기 위해 표준이 필요하다. 사람은 표준이 없으면 방황한다. 하나님의 말씀이 우리에게는 표준이다. 카메라의 브랜드로 알려진 "canon"이라는 말은 표준이라는 뜻과 함께 정경이라는 의미를 갖는다. 이 표준을 따라 행할 때 평강이 임한다. 사도 바울은 이 규례(표준, kanōn)를 행하는 자에게 평강과 긍휼이 있을 것이라고 말했다. (갈 6:16) 성경을 우리 삶에 표준으로 삶는 것이 행복한 삶의 비결이다. 성경이 표준이라는 말은 곧 예수 그리스도가 표준이라는 말과 같다. 성경의 주제가 예수 그리스도이기 때문이다. 예수님의 말씀과 삶이 우리에게 표준이다. 우리의 성품의 표준도 예수님이시다.

온유함의 표준도 예수님이시다. 온유함을 배우기 위해 바라보아야 할 것이 바로 예수님이시다. 그분의 온유함이시다. 예수님께서도 자신의 성품을 언급하시면서 온유하고 겸손하다고 하셨다. "나는 마음이 온유하고 겸손하니 나의 멍에를 메고 내게 배우라 그러면 너희 마음이 쉼을 얻으리니"(마11:29) 자신에게 배우라고 하시면서 보여 주신 자신

길들여진 야수

의 성품이 바로 온유한 성품이셨다. 예수님은 자신의 온유함에 자신이 있으셨다. 그 온유함은 하나님의 온유함이었다.

예수님의 온유는 이사야의 말씀 속에 잘 나타나 있다. "그는 외치지 아니하며 목소리를 높이지 아니하며 그 소리로 거리에 들리게 아니하며 상한 갈대를 꺾지 아니하며 꺼져가는 등불을 끄지 아니하고 진리로 공의를 베풀 것이며"(사43:2,3) 예수님은 이유 없이 핍박하고 욕하는 자 앞에서 목소리를 높여 자신을 변호하지 않았다. 상하고 찢긴 심령이나 꺼져가는 등불과 같은 연약한 심령을 외면하지 않거나 누르지 않으신다. 그들을 배려하시고 치유하시고 회복시키신다.

예수님은 십자가를 지심으로 온유함의 절정을 나타내셨다. 이는 하나님을 향한 온유함이셨다. 십자가를 지는 것은 하나님의 뜻이었다. 그 뜻 앞에 거역하지 않으셨다. 도수장에 끌려가는 어린 양과 같으셨다. 자신을 변명하지 않으셨다. 거역하지 않으셨다. 하나님의 뜻에 온전히 순종하셨다. 연약한 모습을 하셨다. 자신이 상한 갈대와 같았고 꺼져 가는 등불과 같은 존재가 되기를 선택하신 것이다. 공의를 베푸시는 하나님께 일체를 맡기고 순순히 십자가의 고통을 견디셨다. 그러나 그것은 단순한 연약함이 아니었다. 그것은 하나님의 능력의 통로가 되었다. 예수님의 온유한 순종은 전 인류의 죄를 해결하시기 위한 가장 위대한 순종이었다.

예수님은 하나님 앞에서 온유하셨고 그 온유로 사람들에게 온유하셨다. 자신을 배반하고 실의와 좌절에 빠져 부끄러워하는 제자 베드로를 향하여 책망하지 않으시고 그를 세심하게 배려하셨다. 상한 갈대

같고 꺼져 가는 등불과 같은 베드로를 세심하게 배려하셨다. 그를 향한 변함없는 사랑을 확인시키시고 사명을 회복시키셨다.

우리가 할 일은 예수 그리스도의 온유하심을 표준으로 하여 배워야 한다. 예수님처럼 욕하는 사람 앞에서 욕으로 되돌리지 말아야 한다. 예수님처럼 우리를 배신한 사람을 정죄하지 않고 오히려 그들의 괴로움을 이해하고 배려해야 한다. 핍박하고 욕하는 자에 대하여 하나님의 공의로우심에 맡겨야 한다. 결국 온유함은 다른 사람들에게 치유와 회복을 가져다준다.

> "저는 죄를 범치 아니하시고 그 입에 궤사도 없으시며 욕을 받으시되 대신 욕하지 아니하시고 고난을 받으시되 위협하지 아니하시고 오직 공의로 심판하시는 자에게 부탁하시며 친히 나무에 달려 그 몸으로 우리 죄를 담당하셨으니 이는 우리로 죄에 대하여 죽고 의에 대하여 살게 하려 하심이라 저가 채찍에 맞음으로 너희는 나음을 얻었나니"(벧전 2:22-24)

온유함이란 바로잡아야 할 때 바로잡지 않는 것이 아니라 바로잡아야 할 때 온유하게 바로잡는 것을 의미한다. 우리를 거역하는 사람을 바로잡을 때도 온유함으로 책망하거나 온유하게 바로잡아야 한다. 온유하게 진실을 말해야 한다. (딤후2:24) 이것이 예수님의 온유하심에서 배우는 교훈이다.

길들여진 야수

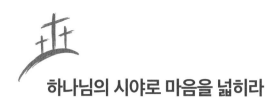

하나님의 시야로 마음을 넓히라

마음의 넓이는 시야의 넓이이다. 마음이 좁아지고 사람을 받기 어려운 것은 시야가 편협하기 때문에 일어난다. 넓은 마음은 넓은 시야에서 온다. 멀리 볼 줄 안다면 쉽게 분노하지 않을 수 있다. 넓은 시야는 바른 시야에서 온다. 가장 바른 시야는 영원한 시야이다. 영원한 시야는 하나님의 시야이다. 하나님은 가장 바르게 보시고 전체를 보신다. 하나님의 관점을 얻으면 우리의 마음은 넓어지고 따뜻해진다.

분노는 잘못된 시야에서 온다. 잘못된 시야는 잘못된 기대를 만들어낸다. 헨리 나우웬은 "분노는 잘못된 기대에서 온다."고 말했다. 자신에 대한 그리고 다른 사람에 대한 잘못된 기대가 분노를 만든다. 잘못된 기대란 자기중심적인 기대를 말한다. 다른 사람들에 대해서 자기중심적으로 판단하고 평가할 때 적절하지 못한 기대를 하게 된다. 다른 사람의 환경이나 약한 부분에 대해 충분히 생각지 못하고 일방적으로 요구하게 된다. 그 요구 수준에 상대방이 미치지 못할 때 우리는 분노하게 된다. 온유함과 평정심을 잃게 된다.

감정이 예민하고 쉽게 감정의 늪에 쉽게 빠지는 사람들이 있다. 일을 잘하다가도 자신이 인정받지 못한다고 생각하면 매우 냉정해진다. 이성적이지 못한 행동들을 하게 된다. 나는 이런 일을 당할 때마다 잘 이해할 수 없어 매우 힘들어한다. 나는 상대적으로 감정의 요동이 적은 편이다. 훈련이 잘 된 편이다. 그렇다 보니 훈련되지 않는 모습을 보면서 상대를 잘 받지 못하고 포용하지 못하는 자신을 발견한다. 스스로 참지 못하고 꼭 시비를 가려서 상대방을 어렵게 궁지에 몰 때가 많다. 그러나 분노를 죽이고 자세히 상황을 들어보면 왜 상대방이 그렇게 행동했는지 이해할 만하다. 물론 상대방이 미성숙한 모습을 보인 것은 사실이지만 나로서는 그럴 수밖에 없는 상황에 대한 이해가 부족한 것이 사실이다. 나의 시야가 좁았음을 고백하게 된다. 더 넓은 시야가 필요한 것이다. 전체를 볼 줄 아는 시야가 필요하다.

이럴 때 예수님이라면 어떻게 하셨을까하는 질문을 해 보는 것이 좋다. 예수님의 관점과 시야를 배우는 것이다. 예수님이시라면 상대방의 연약함에 대해 긍휼히 여기는 마음을 가지셨을 것이다. 누구에게나 약점이나 장애의 요소를 갖고 있듯이 그에게도 그런 면이 고치기 힘든 면이 있음을 이해하셨을 것이다. 한편 상대방의 독특한 장점을 생각하셨을 것이다. 하나님께서 그를 얼마나 소중하게 여기고 보배롭고 존귀하게 여기는가를 생각하실 것이다. 그러면서 상대방에 대한 잘못된 기대에서 벗어나 적절한 기대를 갖게 될 것이다. 이렇게 예수님의 관점을 가지면 우리는 쉽게 분노를 제어할 수 있다.

하나님의 관점을 얻으면 분노를 극복할 수 있다. 하박국은 하나님의 관점을 얻고 비로소 불평을 멈추고 평안과 안식을 얻었다. 하박국은 이리보다 사납고 강포한 바벨론 사람들의 손에 이스라엘 백성을 맡기시는 하나님의 계획에 이해가 되지 않았다. 마음에 불평과 불만이 가득하였다. 그러나 그에게 하나님의 말씀이 임했다. 정한 때가 되면 하나님께서 공의로 일하시겠다고 말씀하셨다. 그렇기 때문에 오직 의인은 믿음으로 살라고 권면하셨다. 이때 하박국은 깨달음을 갖게 되었다. 결국 하나님께서 교만한 바벨론을 심판하실 것임을 깨닫게 되었다. 하나님의 시야를 얻고는 안도하게 되었다. 기뻐 찬양하는 마음이 되었다. 하나님의 관점을 회복하면서 마음이 넓어진 것이다. 분노가 사라진 것이다. 부드러운 마음이 된 것이다.

하나님은 우리의 약점을 정죄하지 않으신다. 그리스도 안에서는 결코 정죄함이 없다고 선언하신다.(롬8:1) 하나님은 우리를 있는 그대로의 받으신다. 한편 그 약점을 은혜 가운데 보완해 가신다. 다른 지체의 장점을 통해 한 지체의 약점을 보완하는 것은 하나님의 지혜요 계획이다. 우리의 장점은 다른 사람들의 약점을 보완하도록 주신 하나님의 선물임을 기억해야 한다. 이럴 때 주위 사람들의 연약함을 볼 때도 그를 향하여 긍휼히 여기는 마음을 갖고 정죄하지 않게 된다.

사람들의 연약함을 하나님의 시야로 바라보는 것은 우리의 힘으로 되지 않는다. 은혜가 필요하고 기도가 필요하다. 또한 올바른 생각이 필요하다. 나는 이를 위해 기도할 때마다 이사야 58장 9절의 말씀을 붙들고 매일 기도한다. 나로 하여금 멍에와 손가락질과 허망한 말을 제하여 버리시고 주린 자에게 심정을 동하며 괴로워하는 자의 마음을 만족케 하는 삶을 살게 해달라고 기도한다. 계속 기도하는 가운데 이면에서 진보하고 있는 자신을 발견한다. 연약함에 대한 하나님의 시야를 배우는 일에 점점 변화가 있음을 경험한다. 점점 나의 마음이 넓어지는 것을 경험하게 된다. 온유한 마음을 갖게 된다.

길들여진 야수

성령을 구하라

온유함은 성령의 열매이다. 그리스도의 형상의 한 표지이다. 이는 성령의 선물이다. 인간의 노력에 의한 산물이 아니다. 성령께서 우리 안에 역사하셔서 만드신 그리스도의 형상이다. 하늘로부터 오는 복이다. 그렇기 때문에 하나님께 구해야 한다. 하나님은 구하는 자에게 좋은 것을 주시는 분이시다. (마7:11) 좋은 것이란 성령을 의미한다. 물론 여기에서 말하는 성령은 위로부터 임하는 성령세례를 의미한다. 이 성령세례와 성령의 열매와는 서로 다른 것으로 해석될 때가 많다.

그럼에도 불구하고 성령세례는 성화의 과정에 큰 영향을 준다. 성령이 위로부터 임하시는 것은 우리의 성품이 주님을 닮는 것에 놀라운 자극을 준다. 성령의 세례와 성화는 밀접한 관련이 있다. 그러나 이것은 어디까지나 직접적인 관련이 아닌 간접적인 관련이다. 마틴 로이드 존스는 이에 대해 다음과 같이 언급했다.

"하나님의 사랑이 그의 마음에 부은 바 될 때 우리는 그에게서 생명과 힘과 활력이 용솟음치는 것을 보게 됩니다. 그의 성화 즉 그에 관한 모든 것이 아주 놀라운 방식으로 자극을 받습니다. 그러나 그것은 간접적인 관련을 갖는 것이지 직접 적이거나 또는 그와 같은 것은 아닙니다. 필연적이고 친밀한 관계가 있으면서도 그들은 독립적입니다."[47)

성령세례와 성령의 열매와의 밀접한 관계 때문에 우리는 온유함을 위해서 성령의 세례와 충만을 구할 필요가 있다. 성령님은 우리 안에 역사하셔서 예수님의 형상을 닮도록 도우시기 때문이다. 성령의 도우심으로 온유의 성품을 덧입게 된다. 성령을 단순히 구하기만 하면 주시는 것이 아니라 성령께서 역사하시는 조건이 있다. 그 조건을 따라 구해야 한다.

성령은 가난한 마음으로 구하는 자에게 찾아오신다. 가난하다는 말은 아무 능력이 없는 상태이다. 우리 인간의 힘으로는 아무런 선한 일을 할 능력이 없음을 인정하는 마음이 가난한 마음이다. 마음이 가난한 자는 자신을 의지하지 않는다. 오직 하나님을 의지한다. 하나님을 찾는다. 가난한 마음은 갈급한 마음이다. 영적인 갈급함을 말한다. 그렇기 때문에 간절하다. 영적으로 가난한 자는 마치 농부가 "물이 없어 마르고 곤핍한 땅에서" 비를 간절히 기다리듯 우리의 영혼이 간절히 주를 갈망하며 주

---

47) 마틴 로이드 존스, 성령세례, 기독교문서선교회, 1999, p142

를 앙모하게 된다. (시63:1) 가난한 심령은 사자에게 쫓기던 사슴이 목이 말라 시냇물을 애타게 찾듯이 주를 갈급하게 찾는다. (시42:1) 이때 우리 마음속에 성령이 임하시게 된다. 성령이 임하시면 우리 안에 하나님 나라가 임하게 된다. "심령이 가난한 자는 복이 있나니 천국이 저희 것임이요"(마5:3) 하나님 나라는 온유한 자의 것이다.

성령은 애통하는 마음으로 구하는 자에게 임하신다. 자신의 죄에 대해 슬퍼하고 통회하는 자에게 성령이 임하신다. 다윗은 자신의 죄를 지었을 때 "주의 성신을 내게서 거두지 마소서"라고 기도했다. (시51:11 하) 그가 회개하고 돌이킬 때 성령께서 역사하셔서 구원의 즐거움과 자원하는 마음을 회복할 수 있었다. 하나님은 상한 심령 통회하는 마음을 기뻐하신다. 그리고 통회하는 마음을 소성시키신다. (사57:15) 자신의 죄와 연약함에 대해 애통해 하는 마음으로 하나님 앞에 기도할 때 우리 심령에 성령으로 역사하신다.

성령은 청결한 마음으로 구하는 자에게 임하신다. 청결한 마음은 순수한 동기에서 난다. 순수한 동기를 하나님의 영광을 추구 것이다. 하나님의 그분 자신을 추구하는 것이다. 자신의 육신의 것을 구하는 것이 아니라 하나님 기뻐하시는 것을 구하는 마음이다. 그리스도의 십자가의 보혈로 씻음 받은 마음이 청결한 마음이다. 진리인 하나님 말씀이 그 안에 거하는 마음이다. 마음이 청결한 자에게는 하나님을 경험하는 복이 있다. (마5:8) 청결한 마음은 영적인 것을 분별할 줄 아는 마음이다. 영적이라는 것은 물질적인 것의 반대가 아니라 세상적이요 인본주의적인 것의 반대이다. 이 둘을 구분할 줄 알아야 한다. 진리를 분별하고 진리의 편에 설 때 성령님께서 임하신다.

성령으로 충만하게 된 사람은 온유한 사람이 된다. 온유한 사람은 육신과 본성을 이기는 사람이다. 성령을 좇아 행하기 때문에 육체의 욕심을 극복할 줄 아는 사람이다. 온유한 사람은 성령에 의해 우리 안에 있는 짐승과 같은 본성을 다스리는 능력을 갖는다. 육신을 제어하는 일에 있어 자신의 무능력함을 인정하고 하나님의 능력을 간절히 찾는 자에게 성령이 임하신다. 자신의 죄성에 대해 아파하고 고통스러워하며 회개하는 자에게 성령이 임하신다. 청결한 마음에 성령이 임하신다.

성령이 임하실 때 온유의 성품도 놀라운 방식으로 자극을 받게 되고 촉진된다. 성령님이 온유의 영이시기 때문이다. 온유를 덧입으면 하나님의 영으로 인도함을 받는다. 온유한 사람은 사람들에 의해 조종당하거나 휩쓸리지 않는다. 오직 성령의 인도를 받는다. 성령께서는 예수님의 온유로 우리를 인도하신다. 예수님은 상한 갈대를 꺾지 않으시고 꺼져 가는 심지도 끄지 않으시는 분이시다. 성령께서는 예수님의 온유로 온유한 자기 백성을 인도하신다. "무릇 하나님의 영으로 인도함을 받는 그들은 곧 하나님의 아들이라"(롬8:14) 성령께서 비둘기를 닮으셔서 "설득하시며, 인도하시며, 이해시키시며, 제안하시며, 우리 안에서 자신의 기쁘신 뜻을 이루기 위해 일하신다."(빌2:13)[48]

---

48) 마틴 로이드 존스, 생수를 구하라, 규장, 2006, p52

길들여진 야수

권위 아래서 배우라

권위의 질서 아래서 신앙생활을 한 사람과 그렇지 못한 사람과 온유함에서 큰 차이를 보일 때가 많다. 온유함과 배려에 있어서 차이가 난다. 일반적으로 권위 아래서 배운 사람들은 영향력과 생명에 있어 더 뛰어난 것을 알 수 있다. 여호수아는 모세의 권위 아래서 신앙을 배웠다. 40년 이상 모세를 따라 다녔다. 그는 갈렙에 비해 더 큰 국가적 영향력을 발휘할 수 있었다. 특별히 여호수아는 성령의 충만을 경험했다.(신34:9) 갈렙도 훌륭한 삶을 유업으로 남겼지만 성령의 기름 부으심에 대한 기록이 없다.

디모데도 마찬가지이다. 디모데는 AD 50년경에 루스드라에서 바울을 만났다.(행16:1) 그 후 바울이 죽기 직전 디모데에게 편지를 쓸 때가 AD66년경이었다. 디모데는 16년간이나 바울을 충성스럽게 따르며 배웠음을 보여 준다. 디모데는 바울의 다른 제자들에 비해 뛰어난 영성과 영향력을 보인다. 이는 바울의 영적 권위 아래서 오랫동안 배운 것과 깊은 연관성이 있다.

지도자나 멘토 아래서 배우는 것은 영적 권위에 순종하는 것이다. 영적 권위에 대한 순종을 통해 하나님에 대한 순종과 말씀에 대한 순종을 배운다. 순종을 통해 자신의 뜻을 굴복하는 법을 배운다. 자신을 제어하는 훈련을 하게 된다. 그것이 곧 온유함을 배우는 과정이다. 위임된 권위에 순종하는 것은 하나님의 직접적인 권위에 순종하는 것보다 더 어려울 때가 많다. 워치만 니는 이렇게 말했다. "하나님의 직접적인 권위에 순종하는 데는 겸손이 필요하지 않지만, 위임 권위에 순종하려면 낮아지고 깨져야 한다. 육을 완전히 제거하지 않으면, 하나님의 위임 권위를 받을 수도 없고 그 권위에 귀를 기울일 수도 없다."[49]

때로는 지도자의 시기 질투를 받으며 깨어지며 변화를 경험하라 때도 있다. 자신을 시기 질투하는 지도자의 권위를 용납하는 것은 엄청난 겸손을 필요로 한다. 다윗은 자신을 시기 질투하여 죽이려하는 사울을 섬겨야 했다. 그의 권위를 인정해야 했다. 그는 사울을 죽일 수 있는 두 번의 기회가 왔지만 그에게 손을 데지 않았다. 하나님께서 위임한 권위자를 해하는 것이 하나님의 뜻에 어긋나는 것이었기 때문이다. 단지 자신이 죽일 수 있는 환경에서 죽이지 않았다는 것을 상대방에게 알리며 돌이킬 것을 촉구하기만 했다. 다윗은 여기에서 자아를 죽이고 육신을 죽이는 법을 충분히 배울 수 있었다. 다윗은 이해할 수 없는 공격 앞에서 분을 참는 법을 배워야 했다. 예수님께서 지셨던 십자가를

---

49) 워치만 니, 영적 권위, 생명의 말씀사, 2001, p86

길들여진 야수

지는 법을 배워야 했다. 하나님은 이러한 환경을 통해 다윗을 깨뜨리시고 온유함을 가르치셨다.

하나님께 쓰임 받는 사람들은 대부분 권위와의 갈등을 통해 겸손과 온유를 배운다. 영적 지도자가 전하는 말씀에 순종하면서 온유를 배운다. 때로는 비록 불순종하는 지도자라도 그를 하나님께서 세운 사람으로 인정하고 존중함을 배우면서 온유를 배운다. 심지어는 까다로운 세상 지도자에게 순종하면서 자신을 비우는 법을 배우게 된다. 이러한 기회들은 하나님께서 우리를 더 부드럽고 따뜻한 사람으로 만들기 위한 소중한 기회들이다. 대부분 이러한 기회는 일생에 있어 일정기간 한 번만 있는 훈련의 기회일 때가 많다.

내게 있어 온유함이 있다면 그것은 신앙 초기에 지도자를 따르며 배운 순종이 그 기초를 이룬다. 나는 매우 갈급한 심령으로 예수님을 만났다. 곧바로 선교단체에서 영적 지도자를 만났고 그로부터 신앙의 기초를 배웠다. 1년 동안은 함께 지도자의 집에서 살면서 생활을 배웠다. 그 후부터 5년간은 매일 캠퍼스에서 지도자를 따라 다니며 사역을 배웠다. 학생들에게 복음을 전하고 제자를 삼는 사역이었다. 나의 영적 지도자는 탁월함을 추구했고 모든 면에서 표준을 추구했다. 나는 탁월함에 대한 개념이 매우 부족한 사람이었다. 무슨 일을 해도 대충대충 하는 성격이었다. 매사에 탁월함의 본을 보이고 또 따르도록 가르치셨다. 그리고 매사에 성경의 원리와 수준을 따르도록 가르침 받았다. 나는 25세가 되도록 어느 누구의 간섭도 받지 않고 스스로 살아온 인생이었다. 당연히 순종하는 것이 쉽지 않았다. 빈틈이 많은 나로서는 항상 부족함을 느껴야 했다. 더욱이 지도자는 매우 목표지향적인 성향을 갖고 있었다. 반면에 나는 지나치게 관계지향적인 성향을 갖고 있었다. 목표지향적인 삶을 배우고 실천한다는 것은 참으로 고통스러운 것이었다. 이와 같은 과정을 통해서 나는 자아의 깨어짐을 경험했다. 그리고 더욱 간절히 하나님을 의지해야 했다. 그러는 사이에 비로소 나는 사역이라는 것을 배울 수 있었다. 목표지향적인 삶과 탁월한 삶을 배울 수 있었다. 무엇보다도 권위에 기꺼이 순종하는 법을 배웠다. 이 과정을 통해 나의 성품은 보다 부드러워졌다. 훈련을 통해 나의 내면이 부드러워지는 것을 경험할 수 있었다. 지도자가 가르쳐 주는 성경 말씀과 그 원리를 따라 나의 뜻을 포기하는 것을 배우게 되었다. 권위 통찰을 배우는 과정에서 하나님 우리의 마음을 부드럽게 하신다. 이는 참으로 소중한 하나님의 선물이었다.

온유함으로 진실을 말하라

　온유함으로 산다는 것은 지혜를 필요로 한다. 온유가 무조건적 양보와 관용을 의미하지 않는다. 무조건적으로 수동적인 자세로 사는 것을 의미하지 않는다. 하나님의 뜻을 따라 양보하고 하나님의 때를 따라 관용을 베풀어야 한다. 때로는 잘못된 양보로 인해 불필요한 심리적 육체적 고통을 당할 때가 있다. 오해로 인해 불필요한 고통을 당할 때가 있다. 지나친 관용이 오히려 하나님의 뜻을 이루는 것을 방해하고 오히려 악을 조장할 수가 있다.

　미르바 던은 온갖 육체적인 고통을 겪으면서 고통이 주는 의미를 발견한 훌륭한 그리스도인 신학자이자 영성가이다. 그녀는 《의미 없는 고난은 없다》는 책에서 환자를 대하는 태도가 좋지 않았던 안과의사와의 관계에 대해 언급한다.[50] 의사는 던이 치료 중에 출장 강연 가는 것에 대해 불만을 표시했다. 던은 이유를 물었다. 그 대답은 던으로서는

---

50)　미르바 던, 의미 없는 고난은 없다. 엔크리스토, 2010. p256

이해가 되지 않았다. 던은 의사에게 말했다. "선생님, 한 가지 분명히 알아두세요. 저는 눈먼 사람이 아니라 눈이 나쁜 신학자예요." 그 한마디에 의사의 던을 대하는 태도가 확 달라졌다. 그 이후 의사는 던을 존중하는 태도로 대했고 말투도 한결 친절해졌다. 던은 이렇게 말한다. "다른 사람이 나를 대하는 방식이나 나에 대한 태도가 내 자존감을 무너뜨리거나 내가 하나님의 사랑받는 자라는 것을 망각하게 할 때마다 우리는 용기를 내서 진실을 말해야한다."

온유하게 진실을 말하는 것이 대인관계에서의 지혜이다. 성경은 "오직 사랑 안에서 참된 것을 말하여 범사에 그에게까지 자랄지라 그는 머리니 곧 그리스도라"(엡4:15)라고 말씀한다. 사랑 안에서 참된 것을 말하는 방법 중의 하나가 온유하게 말하는 것이다. 사랑의 특징 중의 하나가 온유이다. (고전13:4) 온유하게 말한다는 것은 사랑의 동기를 가지고 자신의 감정을 절제하여 말하는 것이다. 상대방의 입장을 충분히 이해하면서 말하는 것이다. 그러나 진실이 왜곡되거나 오해가 없도록 진실을 말하는 것이다.

중국에 있을 때의 일이다. 중국의 한 대학에서 방문학자로 연구하고 있었다. 그때 실험실에서 가장 영향을 미치는 박사과정 학생이 이유 없이 저의 실험을 방해했다. 나는 실험 장비가 어디에 있는지 알지 못해서 절대적으로 도움이 필요했다. 그러나 그 박사과정 학생은 의도적으로 저에게 협조하지 않았다. 마음속에 계속 불만이 쌓여 갔다. 하루는 기도하는 가운데 사랑 안에서 참된 것을 말하라는 말씀에 의지하여 대면했다. 나의 절실한 형편을 조용하게 설명했다. 그리고 내가 생각하기에 상대가 비협조적인 것처럼 여겨지는데 혹시 그럴만한 이유가 있는지 물었다. 상대는 매우 당황했다. 정면으로 물을 줄은 몰랐던 모양이었다. 갑자기 어색한 웃음을 웃으며 미안하다고 했다. 사과하는 의미에서 점심을 대접하겠다고 했다. 갈등이 멈추었다. 이후 서로 좋은 관계를 맺을 수 있었다. 대면하여 진실을 말할 때 어리석음이 달아나는 것을 경험했다.

온유하게 죄를 지적할 때 회개의 열매를 맺게 된다. 때로는 죄를 짓고 있으면서 스스로 깨닫지 못하는 성도에 대해 그 죄에 대해 말해 주어야 할 때가 있다. 이러한 때에 온유한 심령으로 말해야 한다. "형제들아 사람이 만일 무슨 범죄한 일이 드러나거든 신령한 너희는 온유한 심령으로 그러한 자를 바로잡고 네 자신을 돌아보아 너도 시험을 받을까 두려워하라"(갈6:1) 자신도 죄를 지을 수 있다는 것을 알고 겸손하게 온유하게 말해야 한다. 나단은 밧세바를 범하고 남편을 죽게 한 후 스스로 죄에 깨닫지 못하는 다윗에 대해 진실을 말했다. 그러나 그는 매우 온유하게 말했다. 비유를 사용하면서 조심스럽게 접근했다. 다윗이 스스로의 죄를 깨닫도록 유도한 후 적절한 시기에 진실을 말했다. "당신이 그 사람이라"고 말했다. 그때 다윗은 자신의 잘못을 깨닫고 즉시 돌이켰다.

온유하게 진리를 말하고 가르치는 것은 영적 지도자에게 있어 매우 중요한 자질이다. "마땅히 주의 종은 다투지 아니하고 모든 사람을 대하여 온유하며 가르치기를 잘하며 참으며 거역하는 자를 온유함으로 징계할찌니 혹 하나님이 저희에게 회개함을 주사 진리를 알게 하실까 하며"(딤후2:24,25) 온유라는 그릇이 없이 진리만을 말하면 자칫 자기의 의를 드러내어 지나치게 사람을 학대할 수도 있다. 그러나 만일 온유하게 말한다면 사람을 돌이키게 하여 사람을 얻을 수 있다. 훌륭한 지도자는 온유, 진리를 위엄 있게 행사하는 것이다. (시45:4)

온유한 태도에서 나오는 말이 싸움을 멈추게 한다. 자신이 잘못을 했더라도 그것을 과격하게 지적하면 사람들은 오히려 반발한다. 자신을 방어하게 된다. 그러나 온유하고 사려 깊은 태도로 말한다면 상대방의 마음이 열리고 자신의 잘못을 시인하게 된다. "유순한 대답은 분노를 쉬게 하여도 과격한 말은 노를 격동하느니라"(잠15:1) 온유함 속에 담긴 따뜻함이 상대의 마음을 열게 하고 그 안에 진리가 들어감으로 회복이 일어나는 것이다. 온유와 진리가 함께 역사할 때 생명의 열매가 맺히는 것이다.

침묵을 소중히 여기라

분노는 세상을 의뢰한 열매이다. 비판에 대한 인간적인 반응이다. 원하는 것을 얻을 수 없을 때 나오는 감정이다. 오늘날 우리는 보다 조급한 사회 속에 살고 있고 따라서 보다 쉽게 분노한다. 자신의 말을 듣지 않는다고 분노한다. 자주 찾아오지 않는다고 분노한다. 가족들이 내가 원하는 사람들이 되지 않을 때 쉽게 분노한다. 직장에서 교회에서 자신을 알아주지 않는다고 분노한다. 부드러운 미소와 따뜻한 악수 뒤에 분노를 감추고 살 때가 많다. 헨리 나우웬은 분노를 "사회의 강제에 의해 날조된 거짓자아"라고 말했다.[51]

분노는 우리 안에 쓴뿌리를 만든다. 독기를 만든다. 분노 속에서 나오는 말은 길들이기 어렵다. 죽이는 독이다. (약3:8) 분노는 우리의 마음의 정원을 파괴시킨다. 온유한 심령을 단단하게 하고 날카롭게 하고 차갑게 한다. 우리의 많은 말이 우리를 실패자로 만들 때가 많다.

---

51) 헨리 나우웬, 마음의 길, 분도 출판사, 1989, p21

침묵이 분노의 독을 해독시키는 역할을 한다. 말을 멈추고 말을 아끼는 것은 분노를 다스리는 첫걸음이다. 잠시 멈출 줄 아는 것이 지혜이다. 말을 멈춤으로 분을 멈추어야 한다. 말을 멈추는 것은 말을 아끼는 것이다. 말을 아끼면 성령께서 우리 마음을 만져 주신다. 단단해진 마음속에 어느덧 부드러움이 찾아오고 차가워진 마음속에 따뜻함이 찾아온다. 말을 아끼고 침묵하는 것이 지혜요 명철이다. "말을 아끼는 자는 지식이 있고 성품이 안존한 자는 명철하니라"(잠17:27)

침묵은 세상의 물결에 휩쓸리는 데서 우리를 건져 준다. 우리의 시야를 다시금 하나님께로 향하도록 한다. 성령께서 활동하시는 공간을 만들어 준다. 거짓된 자아를 버리게 한다. 하나님께서 보시는 대로 자신을 바라보게 한다. 자신의 참 모습을 보게 한다. 우리 자신을 잘못 보게 하는 세상의 언어들이 침묵의 용광로 속에서 녹는다. 깨끗하게 되는 것이다. 깨끗한 영혼이 된다. 불순물이 제거된 깨끗한 금은 부드럽다. 우리의 영혼이 맑아지고 정금같이 되는 것이다.

침묵은 우리 안에 있는 마음의 불을 지켜 준다. "침묵은 하나님의 내적인 불을 보살피고 살아 있도록 하는 수련이다."[52] 침묵을 통해 성령의 따뜻함에 노출되게 된다. 성령의 불이 우리 심령을 따뜻하게 한다. 침묵은 회복된 불을 지켜준다. 화란의 화가 반 고흐도 침묵과 인내가 우리 영혼의 불을 돌본다고 말했다. "누구나 영적인 불을 돌보아야 하

---

52) Ibid 53

고 마음속에 소금을 가져야 한다. 그렇다면 우리는 누군가가 와서 앉거나 머무를지도 모르는 그때를 위해 얼마나 많은 간절한 소망을 갖고 끈기 있게 기다려야 하는가? 하나님을 믿는 우리는 조만간에 다가올 그때를 기다리도록 하자."[53]

침묵은 우리의 말에 생명을 더해 준다. 침묵은 우리로 하여금 성령의 인도를 받게 하고 예수 그리스도를 바라보게 한다. 하나님의 말씀 가운데로 인도한다. 성령께서 생명을 불어넣는다. 이때 우리의 말이 생명을 얻고 지혜를 얻는다. 따뜻한 온유한 심령에서 나오는 말이기 때문에 이제 더 이상 그 말이 죽이는 독이 아니요 살리는 양약이 되는 것이다. 치유를 가져다주는 말이 된다. 침묵은 우리의 말을 은혜와 진리로 충만케 한다. 침묵은 생명의 말을 만드는 과정이다. 침묵은 우리로 하여금 말의 고향으로 인도한다. "침묵은 말의 고향이다."[54]

침묵 속에서 우리는 다시금 회복되고 재창조된다. 우리의 시야가 영원한 곳으로 향하게 되고 우리의 마음이 예수 그리스도께로 고정되게 된다. 침묵은 분노를 이길 수 있는 위대한 멈춤이다. 침묵은 온유함을 위한 소중한 영적 훈련이자 놀라운 은혜의 도구이다. 사막의 교부들로부터 이 침묵을 배울 필요가 있다. "귀중한 생각은 언제나 수다를 피하는 것으로서 혼동이나 환상과는 무관한 것이다. 적시의 침묵은 매우

---

53) Vincent van Gogh, The Complete Letters of Vincent van Gogh, New York Graphic Society: Greenwich, Connecticut, 1959, vol 1, p197
54) 헨리 나우웬, 1989, p21

귀중한 것이다. 왜냐하면 그것은 가장 현명한 생각의 어머니와 같기 때문이다."(디아도쿠스)[55]

---

55) Ibid, p54

길들여진 야수

마음으로 하나님을 찾으라

최고의 삶은 최고의 삶을 주시는 분에게서 온다. 하나님은 우리에게 최고의 삶으로 인도하신다. 최선의 행복을 주시는 분이시다. 예수 그리스도 안에 있는 행복을 우리에게 주신다. 이 모든 것이 하나님을 찾음으로 얻게 된다. 하나님은 자신을 찾는 자들에게 모든 좋은 것에 부족함이 없게 하시는 분이시다. (시34:10) 자신을 찾는 자들에게 상 주시는 이시다. (히11:6) 하나님을 찾는 자에게 주시는 최고의 선물은 성령님이시다. (눅11:13) 성령께서 오시면 예수 그리스도를 더 깊이 알게 된다. 말씀을 잘 깨닫게 된다. 성령 충만을 경험하게 된다. 하나님과의 올바른 관계 즉 의(義)와 평강과 희락의 삶을 살게 된다. 하나님 찾는 자들에게 예수님의 성품 즉 성령의 열매를 주신다. 성령께서 주시는 성품 중의 하나가 온유의 성품이다.

하나님을 찾는 가장 기본적인 것은 마음을 통해서 찾는 것이다. 마음의 기도를 통해 하나님을 찾을 수 있다. 마음으로 주님을 찾으면 우리 영혼은 자기중심에서 벗어나 하나님을 향하게 된다. "마음의 기도는 자기 자신이 중심이 되어 있던 상태에서 자신을 하나님께로 향하게 하는 기도이다."[56] 마음의 기도는 우리의 마음을 진실하게 만들고 우리의 신앙을 진실하게 한다. 마음의 기도는 우리의 마음을 비우게 하며 성령으로 채우게 한다. 성령의 역사로 하나님의 마음을 갖게 한다. 하나님 마음에 합한 사람이 되게 한다. 예수님의 마음을 갖게 한다. 예수님의 온유와 겸손을 닮게 한다.

마음으로 하나님을 찾는 기도는 짧은 간구이다. 반복적인 간구이다. 때로는 '주여' 하고 짤막하고 반복적으로 부르짖는다. 때로는 '주님 도와주세요'라고 하기도 한다. 아니면 중세 수도사들처럼 "주 예수여 자비를 베푸소서"라는 반복적이고 간절한 기도일 때도 있다.[57] 반복하는 이유는 정신을 하나님께 집중시키기 위함이다. 마음의 기도로 하나님을 찾는 행위는 신앙의 가장 기초에 해당한다. 하나님은 이 짧은 기도에도 응답하신다. 더구나 계속적으로 반복되는 이 기도에 반드시 응답하신다. 어린아이가 아버지를 부르는 것은 아버지의 기뻐하는 일이다. 하나님을 지속적으로 간절히 찾음으로 하나님의 능력을 경험하게 된다.(대하16:9) 성령께서 역사하신다. 성령께서 믿음을 주신다. 깨달음을 주신다. 충만함을 주신다.

마음의 기도는 쉬지 말고 기도하라는 말씀에 순종하는 한 좋은 방법이다. 쉬지 말고 기도하라는 말은 늘 기도하는 정신으로 살라는 의미

---

56) 헨리 나우웬, 마음의 길, 분도 출판사, 1989, p80
57) Ibid, p86

로 해석되기도 한다. 그러나 마음의 기도는 실제적으로 쉬지 않고 기도 속에 사는 한 방법이다. 이는 항상 정해진 장소에 정해진 자세로 기도할 필요가 없다. 식사를 할 때도 사람을 만날 때도 노동의 일을 할 때도 언제나 어디서든지 주님을 부를 수 있다. 이것이 강박증적으로 하나님께 매달리는 것처럼 보일 수 있다. 그러나 인간의 영혼은 하나님을 찾지 않는 만큼 다른 무엇인가를 찾게 되어 있다. 잠시도 쉬지 않고 무엇인가를 찾는다. 그 찾는 대상이 하나님이 되는 것은 좋은 일이다. 이것은 하나님의 뜻에 순종하는 일이며 하나님께서 참으로 기뻐하시는 일이다.

마음의 기도는 우리 영혼을 성령께 민감하게 한다. 성령의 지배하에 놓이게 한다. 마음으로 하나님을 부지런히 찾는 자는 영혼의 안식을 누리게 된다. 고요함을 누린다. 우리 마음을 온유함으로 인도한다. 마음의 기도를 드리는 동안 자연스럽게 우리는 우리 마음을 살피게 된다. 마음의 기도는 우리로 하여금 영적으로 민감하게 한다. 마음이 강퍅해져 있는지 은혜가운데 부드러운 상태가 되어 있는지를 빨리 알 수 있다. 마음이 단단해지거나 냉랭해지면 빨리 마음을 돌이켜 올바른 마음으로 바꿀 수 있다. 강퍅한 마음으로는 마음의 기도를 드릴 수 없다. 마음의 기도가 우리 심령을 온유하게 하고 유지하게 한다.

말씀 안에 거하라

온유함은 위로부터 온 성품이다. 우리 인간의 본성으로 만들 수 있는 성품이 아니다. 우리의 본성은 단단한 마음과 냉랭한 마음이다. 선천적으로 사람에 대해 부드럽고 따뜻한 마음을 가진 사람들이 있다. 그렇다 해도 하나님을 대하여 선천적으로 부드럽고 따뜻한 마음을 가진 사람은 없다. 스스로 하나님을 찾는 사람이 없기 때문이다. (롬3:10-12) 오직 하나님만이 우리의 마음을 온유하게 하실 수 있다.

하나님은 성령님을 통해 우리 안에 온유한 마음을 창조하신다. 성령께서 사용하시는 주요도구는 하나님의 말씀이다. 말씀이 우리들의 단단한 우리들의 마음을 부서뜨리는 능력을 갖는다. 예레미야는 하나님의 말씀이 불같고 반석을 쳐서 부서뜨리는 방망이 같다고 표현했다. (렘23:29) 말씀이 우리 안에 역사하면 단단한 마음을 부수어지고 깨어져 부드러운 마음으로 변한다. 너무 단단해져 부서뜨리지 못하는 부분도 있다. 이럴 때 하나님의 말씀은 날카로운 칼과 같아서 우리 마음 속에 썩어 곪아 있는 부분을 드러나게 하시고 그 부분을 도려내어 수술

길들여진 야수

하는 역할을 한다. (히4:12) 부서지고 도려내어질 때 우리의 영혼은 고통스러운 아픔을 경험한다. 이는 우리 안의 죄가 지적되기 때문이다. 죄에 대한 애통하는 마음이 생기기 때문이다. 죄에 대해 애통해하고 회개할 때 성령께서 우리 안에 역사하셔서 영혼을 소성케 하신다. 소성된 마음은 새로운 마음이요 부드러운 마음이다.

하나님의 말씀은 연약한 마음에 힘을 공급하는 생명의 말씀이다. (요6:63) 말씀이 생명을 공급하여 우리 영혼에 힘을 더하고 따뜻함을 더한다. 우리의 본성적인 마음속은 두려움이 가득하다. 두려움에 지배되는 마음은 연약한 마음이다. 쉽게 포기하고 쉽게 넘어지는 마음이다. 이러한 마음에 힘과 능력을 더해 주는 것이 하나님의 말씀이다. 생명력을 공급한다. 두려운 마음을 극복하고 능력과 사랑과 근신하는 마음이 되게 한다. (딤후1:7) 사랑이 공급된 마음 생명력이 공급되면 우리의 마음은 따뜻한 마음이 된다. 여호수아는 가나안 정복을 앞두고 두려움에 휩싸여 있었다. 하나님께서 그에게 주신 말씀은 두려워 말라는 말씀과 함께 하나님의 말씀을 주야로 묵상하고 그것을 지켜 행하라는 말씀이었다. 사도 바울이 치열한 목회 현장에서 연약해진 젊은 목회자 디모데에게 말씀을 읽는 것 권하는 것 가르치는 것에 전념하라고 권면했다. (딤전4:15) 또한 배우고 확신한 일에 거하며 특히 성경말씀에 착념하라고 권면했다. (딤후3:14-16)

하나님의 말씀이 우리 안에서 역사하여 새로운 성품을 창조하는 데는 일정한 과정이 있다. 그 과정은 로마서 5장 3-5절에 잘 나타나 있다.

"다만 이뿐 아니라 우리가 환난 중에도 즐거워하나니 이는 환난은 인내를 인내하는 연단을 연단은 소망을 이루는 줄 앎이로다. 소망이 부끄럽게 아니함은 우리에게 주신 성령으로 말미암아 하나님의 사랑이 우리 마음에 부은 바 됨이니" 하나님은 먼저 고난의 환경을 허락하신다. 고난 속에 말씀이 주어질 때 깨달음이 더한다. 고난 중 주어진 하나님의 약속은 우리 영혼에 큰 위로가 된다. 그 힘으로 우리는 인내하게 된다. 아브라함은 하나님의 약속으로 위로를 삼고 25년을 기다릴 수 있었다. 인내의 과정 속에서 우리의 마음은 연단을 받는다. 연단된 인격이 형성된다. 연단된 인격이란 깨끗함과 겸손함을 의미한다. 이렇게 연단된 인격 위에 소망이 주어진다. 이 소망은 성령으로 말미암아 하나님의 사랑이 마음에 부어진 결과이다. 이때의 마음은 온유한 마음진다. 온유한 마음은 성령을 담고 하나님의 사랑을 담을 수 있는 그릇의 역할을 한다. 이것이 말씀으로 말미암아 온유한 성품이 형성되는 과정이다.

말씀이 성령과 함께 역사하셔서 우리 안에 만드는 것은 신의 성품인 것이다. 쉽게 거역하고 불순종하는 성품이 변화하여 거룩한 성품, 온유한 성품이 된다. 하나님의 보배롭고 지극히 큰 약속이 바로 신의 성품인 것이다. 말씀이 온유한 성품을 만든다. 온유한 성품은 마음에 떨어진 말씀이 열매를 맺는 토양을 형성한다. (약1:21) 온유한 성품은 말씀을 듣고 지키어 인내로 결실하게 한다. 30배, 60배, 100배의 열매를 맺게 한다. 말씀 안에 거하는 것이 온유함의 비결이요 열매가 풍성한 삶의 비결이다.

길들여진 야수

더불어 살아가라

성도는 그리스도의 몸 된 교회의 지체들이다. 각자가 서로 독특하게 지음 받고 독특한 역할을 한다. 한편 서로 연결된 지체들이다. 몸의 각 부위가 연결되어 머리의 지시를 받듯이 성도 한 사람 한 사람도 서로 연결되어 있고 머리 되신 그리스도의 지시를 받는다. 하나님은 각 지체를 모두 존귀하게 여기신다. 손을 발보다 더 귀한 지체가 아닌 것처럼 은사가 많은 사람을 적은 은사의 사람보다 더 귀하게 여기지 않으신다. 하나님 안에서는 모두가 존귀하고 없어서는 안 될 필수불가결한 존재들이며 또한 모두가 아름다운 지체들인 것이다. 서로를 존귀히 여기기 위해 필요한 것이 겸손과 온유이다. 자기보다 남을 낮게 여기는 마음이다. 겸손과 온유의 마음속에 오래 참음과 사랑으로 서로 용납하는 아름다운 마음이 싹튼다.

교회 안에 온유의 생명력이 존재한다. 교회는 그리스도의 생명으로 연결된 모임이다. 생명이 흐르는 곳이다. 생명은 에너지이다. 몸의 에너지가 몸을 흐르듯이 생명의 에너지도 교회 안에 흐른다. 각 연결된 지체를 타고 에너지가 흐른다. 서로의 생명력에 의해 영향을 받는다. 그에 의해 생명이 서로 나누어지는 것이다. 영적 에너지가 큰 사람은 연약한 사람에게 영향을 미쳐 균등하게 된다. 온유의 생명력도 그 생명력이 강한 사람에 의해 그렇지 못한 사람에게 흘러 들어간다.

교회 공동체에서 온유함이 뛰어난 사람들을 통해 온유를 배울 수 있다. 모세는 그 온유함이 지면 모든 사람보다 뛰어났다. 그와 가까이하는 사람들은 온유함의 영향을 받았다. 모세의 온유함의 영향력을 가장 많이 받는 사람이 여호수아이다. 그 역시 온유한 자였다. 바나바는 초대교회에서 온유함에 있어 뛰어난 본이 된 사람이었다. 그의 온유함은 주위 사도들에게 큰 영향력을 끼쳤다. 그에 의해 가장 영향을 받은 사람은 온유함에 있어 부족한 면이 있었던 바울이었다. 바울은 만년에 결국 자신이 버렸던 마가를 다시 용납함으로 그의 온유함에 있어서의 진보를 보여 주었다.

공동체 안에서 자신과 전혀 다른 기질의 사람들과 함께 일하면서 온유를 배울 때가 많다. 이는 본을 통해 배우기보다는 갈등을 통해 배우는 것이다. 서로간의 부딪힘을 통해 다듬어져서 온유해지는 것이다. 우리 부부는 서로 다른 기질을 가졌다. 아내는 우울질과 담즙질이 강한 편이다. 나는 오직 점액질이 매우 지배적이다. 이 때문에 결혼 초기에 많이 갈등했다. 아내는 매사에 정확하고 꼼꼼한 편이었다. 목표지향적이었고 지도력과 사역의 능력이 있었다. 반면에 나는 매사에 정확하지 않았다. 관계지향적이었고 지도자를 따르는 데 익숙한 상태였

길들여진 야수

다. 생활과 사역에서 서로의 관점의 차이로 갈등의 시간을 거쳐야 했다. 그 당시 우리는 매주 시간을 내어 함께하는 시간을 갖고 서로에 대해 나누고 공부도 했다. 그 과정을 통해 우리는 서로를 알게 되고 충분히 이해하게 되었다. 보다 부드러운 사람들로 변화되었다. 서로를 향한 긴장을 풀게 되었다. 상대를 존중하고 인정하고 배려하는 삶을 살게 되었다. 더불어 삶을 통해 온유해진 것이다. "철이 철을 날카롭게 하는 것같이 사람이 그 친구의 얼굴을 빛나게 하느니라"(잠27:17)는 말씀과 같이 부딪히면서 다듬어지고 부드러워지는 것이다.

자기 십자가를 지면서 온유함을 배운다. 세상은 경쟁을 부추긴다. 교회 내에서도 서로 경쟁하며 높아지려 할 때가 많다. 보다 높은 직분을 위해 자신을 나타내기 위해 애를 쓰는 모습이 많다. 이러한 가치관은 교회 내 분쟁을 일으키고 분리를 조장한다. 그러나 온유함을 배운 성도는 말씀에 순종한다. 예수님의 십자가의 길을 간다. 경쟁을 포기하는 것이다. 싸움을 포기한다. 먼저 대접한다. 양보할 줄 안다. 자기를 부인한다. 자기 욕망을 부인한다. 오로지 하나님의 영광을 구한다. 이때 교회에 평강이 임한다. 화목이 싹튼다. 생명력이 흘러넘치게 된다. 더불어 사는 삶 속에서 온유의 생명력을 배우게 된다. 온유를 실천하고 그 약속을 누리게 된다. 공동체 안에서 더불어 사는 삶은 우리의 변화를 위해 주신 하나님의 귀한 선물이다.

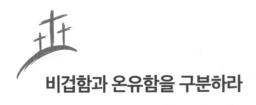

비겁함과 온유함을 구분하라

온유함이 비겁함으로 오인되기 쉽다. 니체는 기독교인들의 온유를 경멸했다. 세상의 문화 역시 온유를 생각할 때 겁 많은 생쥐를 연상시킨다.[58] 온유한 사람을 의지 약하고 겁 많은 사람으로 생각한다. 심지어는 기독교인들도 온유의 자질에 대한 세상의 경멸에 대해 생각을 같이 하는 경향이 있다. 예수님께서 죄가 없으셨지만 십자가에 순순히 매달려 죽으신 것은 힘없고 능력 없는 모습으로 보인다. 다윗이 사울을 죽일 수 있는 상황에서 죽이지 않고 옷자락만 살짝 벤 것은 세상 사람의 눈에는 어리석게 보인다. 직장에서 까다로운 상사에게 순종하고 섬기는 모습은 자신을 주장하지 못하는 비겁하고 나약한 사람으로 보인다. 잘못한 사람을 가르칠 때 온유함으로 가르치는 것은 왠지 효과 없어 보인다.

온유함의 겉모습이 비겁한 사람의 겉모습과 크게 다르지 않을 수 있

---

58) Kerry Walters, Merciful Meekness, Paulist Press, 2004, p20

다. 그러나 온유함은 본질에서 분명한 차이가 있다. 비겁함으로 순종하는 것은 자신의 힘이 약하기 때문에 순종하는 것이다. 자신의 힘이 세지면 얼마든지 상대방을 제압하고 상대방에게 군림할 수 있는 것이다. 비겁한 사람은 결국 권력 앞에서 비겁한 것이고 권력을 의지하는 것이다. 비겁함은 그 동기와 힘의 근원이 여전히 세상적인 것이고 인간적인 것이다. 자기중심적인 것이다.

온유함은 상대방을 힘으로 누를 수 있지만 하나님의 뜻에 순종함으로 힘을 사용하지 않는 것이다. 예수님도 얼마든지 자신을 잡으러 온 병사들을 물리치고 십자가를 거부할 수 있었다. 예수님을 잡으러 온 대제사장의 종의 귀를 검으로 벤 베드로에게 예수님은 이렇게 말씀하셨다. "너는 내가 내 아버지께 구하여 지금 열두 영 더되는 천사를 보내시게 할 수 없는 줄로 아느냐 내가 만일 그렇게 하면 이런 일이 있으리라 한 성경이 어떻게 이루어지리요 하시더라"(마26:53,54) 다윗은 하나님께서 기름 부음 받은 자를 자신의 칼로 베는 것이 하나님을 기쁘시게 하는 일이 아니기 때문에 하지 않은 것이다. 까다로운 상관에게도 온유하게 순종하는 것이 하나님의 뜻을 이루며 하나님께서 그것을 통해 일하실 수 있게 하기 위해 하는 것이다. 또 복음이 전파되기 위해 그러한 자세를 할 때도 있다.

온유함은 하나님의 능력을 힘입는 능력의 행동이다. 또한 하나님의 약속의 성취를 이루어 내는 통로와 같은 태도이다. 세상의 비겁함은 자신의 힘을 의지한 것이며 그 결과는 폭력이다. 힘을 추구하다 그 힘을 얻지 못하면 자신을 파괴하고 학대하게 된다. 힘을 얻으면 힘으로 상대방을 제압하고 군림하게 된다. 그 마음속이 온유했던 것이 아니다. 단지 가면을 썼던 것이다. 하나님의 영광을 드러내지 못하는 결과를 갖는다.

　비겁한 사람들은 하나님의 뜻이 아닌 불의한 행동의 요구에도 순순히 반응한다. 그러나 온유한 사람은 하나님의 뜻이 아닌 불의에 대해 분명하고 단호하게 대처한다. 다니엘은 온유한 사람이었다. 시대와 왕조를 초월하여 재상으로 쓰임 받았던 인물이다. 그는 이방 땅에서 탁월한 능력과 온유함으로 정치적 생명이 장구했다. 그러나 그는 신앙적인 부분에서는 전혀 타협하지 않았다. 하나님 앞에 기도하는 일을 방해하는 것에 대해선 사자굴에 쳐 넣어지는 위험을 무릅 쓰고 타협함이 없었다. 이것이 비겁함과 온유함의 차이이다. 비겁함은 불의 앞에서 나약해진다. 온유한 사람은 불의 앞에서 당당하고 용감해진다. 그 중심에 하나님이 계시기 때문이다. 그 동기가 하나님의 영광이기 때문이다. 예수님의 본을 따르기 때문이다. 온유하신 성령의 인도를 따르기 때문에 온유한 것이다. 온유한 사람은 결코 세상의 권력 앞에 나약한 것이 아니다. 세상의 불의 앞에 타협함이 아니다.

　온유함은 공의를 존중하며 공의를 따른다. 하나님이 공의로우신 분이시기 때문에 하나님은 온유한 사람에게 공의를 가르치신다. (시25:9) 온유한 사람은 기준이 분명하다. 온유는 결코 무능이 아니다. 온유는 하나님의 능력을 기초로 한다. 우리의 약함이 하나님의 능력을 나타내

　　　　　　　　　　　　　　　　　　　　길들여진 야수

지 않는다면 그것은 세상의 약함이요 비겁함이다. 온유의 약함은 능력을 나타낸다. "이러므로 도리어 크게 기뻐함으로 나의 여러 약한 것들에 대하여 자랑하리니 이는 그리스도의 능력으로 내게 머물게 하려 함이라"(고후12:9하)

정중하게 거리 두는 지혜를 배우라

　사람들은 온유한 사람을 좋아한다. 마음이 부드럽고 따뜻하기 때문이다. 남을 잘 배려하고 받아주기 때문이다. 그러나 어떤 사람들은 그것을 이용한다. 강한 것을 추구하는 세상에서 강해 보이지 않기 때문에 함부로 대한다. 쉽게 조종하려 하고 통제하려 한다. 이들은 강하고 거친 사람들에게는 조심하나 부드러운 사람들은 쉽게 여긴다. 문제는 이러한 사람들의 좋지 않은 동기가 쉽게 드러나지 않는다는 점이다. 분별해 내기가 어렵다. 한참 많이 당하고야 비로소 관계 속에 무언가 문제가 있다는 것을 깨닫기 시작한다.

　그러나 잘 대해 주면 상대가 변할 것이라는 생각에 계속해서 잘 대해 준다. 그리스도인은 모든 사람에게 관용하여야 한다고 생각하여 진실을 외면하기 쉽다. 수없이 많은 상처를 입고서야 진실을 깨닫게 된다. 상대가 이미 나의 삶을 많은 영역 통제하고 있음을 깨닫게 된다. 너무 많은 에너지가 이 관계로 인하여 소모된다. 점차 변화되지 않는 사람도 있을 수 있다는 것을 깨닫게 된다. 마땅히 힘써야 하는 관계와 사명

　　　　　　　　　　　　　　　　　　　　길들여진 야수

에 소홀하고 있음을 깨닫게 된다.

이때 우리는 온유하신 예수님은 이런 관계에 어떻게 반응하셨을까를 생각해야 한다. 예수님은 의외로 사람들을 많이 떠나셨다는 것을 알고 놀라게 된다. 예수님은 기도하기 위해 사람들을 떠나셨다. 또한 몰려오는 무리를 피하시고 떠나신 적이 많다. (마14:13) 바리새인들을 비판하신 후에 그들을 떠나시기도 했다. (마23:13-39) 빌라도 법정에서 빌라도의 불필요한 질문에 대답지 않으시고 정체성을 묻는 질문에는 분명하게 대답하셨다. (막15:1-5)

예수님은 사람들의 요구를 다 들어주지 않으셨다. 오히려 시간을 내어 제자들과 충성된 사람들과 많은 시간을 보내셨다. 예수님은 늘 자신의 사명에 초점을 맞춘 관계에 집중하셨다. 또한 독이 되는 사람들을 책망하시고 그들과의 불필요한 논쟁을 삼가셨다. 예수님은 자신의 삶의 통제권을 결코 다른 사람에게 넘기지 않으셨던 것을 알 수 있다. 그리고 독이 되는 사람들을 피하시고 사명에 집중하셨다. "예수님은 독이 되는 사람들을 그냥 떠나신 게 아니라 사역의 효율성과 전략을 염두에 두고 적극적으로 떠나셨다."[59]

온유란 성령에 의해 길들여진 성품이다. 온유한 사람은 자신의 뜻을 내려놓고 하나님의 뜻을 따르는 것에 훈련된 사람이다. 따라서 온유한 사람은 하나님의 인도를 따라서 자리를 떠나는 법을 배워야 한다. 관

---

59) 게리 토마스, 고통스런 관계 떠나기, 생명의 말씀사, p33

계에 있어 거리를 두는 법을 배워야 한다. 사명에 보다 집중하기 위해서다. 하나님 주신 시간과 정력을 불필요한 관계로 인해 낭비하지 않고 소모하지 않기 위해서다. 끊임없이 우리를 통제하려는 사람을 떠나야 한다. 거리를 두어야 한다. 불필요한 기대감을 가지고 계속해서 그들을 만족시키려 하지 말아야 한다. 이러한 상황을 위해 주신 말씀이 있다. "사람을 두려워하면 올무에 걸리게 되거니와 여호와를 의지하는 자는 안전하리라"(잠29:25)

독이 되는 사람들을 축복하고 용서하지만 그들과 가까이하지 않는 법을 배워야 한다. 때로는 그들에 대한 기대를 내려놓고 그들을 하나님께 맡길 필요가 있다. 불필요한 관계에 마음을 두지 않으면 많은 자유가 생긴다. 이것이 성령께서 주시는 자유를 누린다. 해가 되는 사람과 정중하게 거리 두는 법을 배우는 것이 지혜이다. 이는 비생산적인 관계를 떠나 생산적인 관계에 초점 맞추는 길이다. 하나님의 사명에 효과적으로 우리 자신을 드리는 길이다. 이것이 성령의 인도를 따르는 온유의 길이다.

길들여진 야수

ⓒ 오운철, 2024

초판 1쇄 발행 2024년 4월 23일

지은이   오운철
펴낸이   이기봉
편집   좋은땅 편집팀
펴낸곳   도서출판 좋은땅
주소   서울특별시 마포구 양화로12길 26 지월드빌딩 (서교동 395-7)
전화   02)374-8616~7
팩스   02)374-8614
이메일   gworldbook@naver.com
홈페이지   www.g-world.co.kr

ISBN   979-11-388-3021-8 (03230)